Wilhelm Koch

Beiträge zur Textkritik der Auzels Cassadors von Daude de Pradas

Wilhelm Koch

Beiträge zur Textkritik der Auzels Cassadors von Daude de Pradas

ISBN/EAN: 9783744619394

Hergestellt in Europa, USA, Kanada, Australien, Japan

Cover: Foto ©Andreas Hilbeck / pixelio.de

Weitere Bücher finden Sie auf **www.hansebooks.com**

Meinen lieben Eltern gewidmet.

Les biographies des troubadours — hrsg. von Chabaneau (Toulouse 1885) p. 49 — thun also des Schöpfers des didactischen Gedichtes „Lo romans dels auzels cassadors" Erwähnung:

„Daude de Pradas[1]) si fo de Rosergue, d'un borc que a nom Pradas[2]), qu'es pres de la ciutat de Rodes quatre legas; e fo canorgues de Magalona. Savis hom fo mot de letras e de sen natural e de trobar. E si saup mout la natura dels auzels prendedors. E fetz cansos per sen de trobar; mas no movian ben d'amor. Per que non avian sabor entre la gen ni no foron cantadas ni grazidas." —

Über den Rahmen dieser kurzen provenzalischen Nachricht geht unsere Kenntnis über das Leben Daudes de Pradas wesentlich nicht hinaus.

Als sicher verbürgt wissen wir ferner nur noch, dass Daude den Troubadour Uc Brunenc überlebt hat, da er auf

---

[1]) Über Daude de Pradas vgl. auch:
1. Le Parnasse occitanien de Rochegude p. 86.
2. A. Bastero: «Crusca provenzale» Roma 1724. Bd. I p. 81.
3. Millot: «Histoire littéraire des troubadours» I 315.
4. Mahn: «Biographien der Troubadours» Berlin 1853. S. 11.
5. Raynouard: «Choix des poésies des troubadours» Bd. III 414—418, Bd. V 126—136.
6. Histoire littéraire de la France Bd. XVIII p. 558.
7. Galvani: «Osservazioni sulla poesia de' trovatori» Modena 1829 p. 354—89.
8. Diez: «Leben und Werke der Troubadours» S. 221.
9. Dr. Antonio Restori: «Letteratura Provenzale» Milano 1891. p. 136.
10. Albert Stimming: «Provenzalische Litteratur», abgedruckt in Groebers Grundriss der roman. Philologie II. Band, 2. Abteil., Strassburg 1893, S. 42 u. 48.

[2]) = Prades canton de Pont-de-Salars, arrond. de Rodez (nach Chabaneau).

den im Jahre 1223 erfolgten Tod desselben das Klagelied «Ben deu esser solatz marritz» dichtete, „in welchem er Solatz und Amor auffordert, den zu betrauern, per cui valia solatz e cortesia, chans e deportz, iois e merces und der der Herold Amors gewesen sei." (C. Appel, Der Trobador Uc Brunec oder Brunenc, abgedruckt in Abhdlgen, Herrn Prof. Dr. A. Tobler von dankbaren Schülern dargebracht, Halle 1895, S. 49 u. 61). Daude war auch ein Zeitgenosse des Bischofs Stephan von Puy (1220—31); denn diesem hat er das moralisierende Gedicht «Über die vier Cardinaltugenden» (s. weiter unten), wie er am Schlusse desselben sagt, gewidmet.

Ausser dem Lehrgedichte des Daude de Pradas «auzels cassadors» gehen, in den verschiedenen Handschriften zerstreut, zunächst 26 lyrische Gedichte unter dem Namen unseres Dichters. Dieselben fanden indes nach der Angabe der provenzalischen Lebensnachricht keinen grossen Beifall, weil sie nicht der Liebe entsprangen, ein Beweis, dass das damalige Publikum die wahre Poesie von der gemachten wohl zu unterscheiden verstand.

Bartsch in Eberts Jahrbuch VI S. 345 beschränkt die Zahl der dem Daude mit Sicherheit beizulegenden Lieder auf folgende 18 (abgedruckt in Mahn «Werke der Troub.» Bd. III S. 236—241; Herrigs Archiv Bd. 33 S. 461—465 und Appel: «Provenz. Inedita» p. 87—92):

1. Ab lo dous temps que renovela.
2. Amors m'ajuda em somo.
3. Anc mais hom tan be non amet.
4. Bela m'es la votz altana.
5. Ben aj' amors quar anc me fetz chauzir.
6. Ben deu esser solatz marritz.
7. De lai on son tug mei dezir.
8. Del bel dezir quel jois novels m'adutz.
9. El temps quel rossinhols s'esjau.
10. En un sonet gai e leugier.
11. Non cugei mais ses comjat far chanso.
12. Nom puesc mudar que nom ressit.

13. Pos merces nom val nim ajuda.
14. Pos amors vol e comanda.
15. Qui finamen sap consirar.
16. Si per amar ni per servir.
17. Tan sen al cor un amoros dezir.
18. Trop be m'estera sis tolgues.

Dem Urteile der provenzalischen Biographie kann man nur zustimmen. In keinem der hier aufgezählten Gedichte ist auch nur eine Spur von tieferer Empfindung oder lyrischem Schwunge zu entdecken. Von unbefangener Treuherzigkeit, unschuldiger und rührender Einfalt, von zärtlich und fein ausgedrückten Gedanken, wie die Liebeslieder eines Bernart de Ventadorn (Ich kenne die Liebe nur durch die Unruhen, die mich verfolgen . . . . .), eines Arnaut de Marueil (Ich ahnte nicht, als ich in diese Gegenden kam, dass ich das Vergnügen, so viele Anmut und Schönheit gesehen zu haben, so teuer erkaufen würde . . . . .), oder des Folquet von Marseille (Amor hat grosses Unrecht gethan, sich in meinem Herzen häuslich niederzulassen . . . . .) sie bieten, ist ganz und gar nicht die Rede. — Was Daude sagt, ist meist auf die gewöhnlichste Weise gesagt und hat weiter kein dichterisches Verdienst, als dass es in Reime und Verse gebracht ist. Man merkt den Gedichten das Ringen des Dichters an, ihnen einen Inhalt zu geben, wie es in Nr. 3. 5. 6. 11. 13. 17. am meisten hervortritt. Die Gedichte 1. 4. und 16. sind meiner Meinung nach diejenigen, welche auch inhaltlich bei uns ein befriedigendes Gefühl hinterlassen.

In Betreff der Form des vierten Gedichtes ist anzumerken, dass sie unzweifelhaft eine Nachahmung von Cercamon 3 (Meyer, Recueil I p. 70) ist. Daude scheint sich auch sonst erlaubt zu haben, fremde Formen ohne deren Reime sich anzueignen vgl. Appel: «provenz. Inedita» p. 87.

Wie der Ton seiner Canzonen beschaffen ist, kann nachstehende Probe lehren:

1. Ab lo dous temps que renovelha
   Vuelh far er novelha chanso
   Q'amors novelha m'en somo
   D'un novelh joy que mi capdelha;
   E d'aquest joy autre joys nais,
   E s'ieu non l'ai non poirai mais,
   Mas ades azor e sopley
   A lieys cui am de cor e vey.

2. Tan mi par m'esperansa belha
   Que be mi val una tenzo¹),
   E pus espers mi fai tal pro
   Ben serai ricx, si ja m'apelha,
   Nim dis: „Bels dous amicx verais,
   Be vuelh que per mi siatz guays,
   E ja nos vir per nulh esfrey
   Vostre fis cors del mieu dompney."

3. Ara dic so quem plazeria,
   E sai que nos pot avenir,
   Que domna non ditz son dezir,
   Ans cela plus so que volria
   De son amic, sil vol onrar;
   E fai s'ades plus apreyar,
   On plus la destrenh sos talans;
   Mas be val dir lo belh semblans.

4. E qui ren sap de drudaria
   Leu pot conoisser e chauzir

---

¹) Mahn: «Werke der Troubad.» III p. 237 schreibt:
   Que bem val una tenezo,
tenezo aber giebt keinen passenden Sinn. Mir scheint ist tenzo für tenezo das Richtige zu sein, zumal das Geleit (Strophe 6) auffordernd sich an das Lied wendet.

„Mit der lieblichen Jahreszeit, die wiederkehrt
Will ich jetzt ein neues Lied dichten,
Da neue Liebe mich dazu auffordert
Infolge einer neuen Freude, die mich beherrscht;
Und aus dieser Freude erwächst eine andere Freude,
Und wenn ich sie nicht besitze, wird es aus mit mir sein,
Doch ohne Unterlass bete ich sie an und flehe
Zu ihr, die ich liebe von Herzen und schaue.

So schön erscheint mir meine Hoffnung,
Dass sie mir wohl eine Tenzone wert ist,
Und da Hoffnung mir so viel Vorteil bringt,
Werde ich wohl reich sein, wenn sie mich je ruft,
Und zu mir spricht: „Lieber holder aufrichtiger Freund,
Wohl will ich, dass ihr meinetwegen fröhlich seiet,
Und nie möge sich durch irgend welche Furcht
Euer treues Herz davon abwenden, mir in Liebe zu dienen."

Jetzt sage ich das, was mir gefallen würde,
Und ich weiss, dass es sich nicht ereignen kann,
Denn eine Herrin thut ihren Wunsch nicht kund,
Vielmehr verheimlicht sie am meisten das, was sie
Von ihrem Freunde begehren würde, wenn sie ihn ehren will.
Und um so mehr lässt sie sich bitten
Je mehr ihr Verlangen sie quält;
Indes der freundliche Blick wird es verraten.

Und wenn einer etwas von Liebesdienst versteht,
Kann er leicht erkennen und merken,

Quel belh semblant el dous sospir
No son messatge de fadia;
Mas talant a de fadeyar
Qui so que te vol demandar;
Per qu'ieu cosselh als fins amans
Qu'en prenden fasson lur demans.

5. Mout sai quem tenran ad ufana,
Quar ieu ai dig que fis amicx
Hi fai mout que pros e que ricx,
Si quan pot de si dons s'apana;
Mas ieu non cug ges far orguelh,
Si la re qu'ieu plus am e vuelh
Bay et abras, e vuelh saber
Silh¹) platz qu'ieu n'aya nulh plazer.

6. Lai, on es proeza certana,
Ves Arle t'en vai e not tricx,
Chanso, quel senhers t'er abricx
Contra la falsa gent trefana;
Els dos fraires de Rocafuelh²)
En cui pretz e jovens s'acuelh,
Sapchas a tos ops retener,
Si vols en bona cort caber.

---

¹) sil oder besser silh = si li] s'il.

²) Über die Person der beiden Brüder von Rocafuelh und ihr mutmassliches Verhältnis zu Daude lässt sich nichts ausmachen. — Rocafuelh ist vermutlich = Roquefeuil, kleiner Ort im Dép. Aude, Arrond. Limoux, Cant. Belcaire. Vgl. Dict. complet. de tous les lieux de la France, par M. Barbichon. Paris 1831.

Dass der freundliche Blick und das süsse Seufzen
Nicht Verkünder von Lauheit sind;
Vielmehr hat Neigung lau zu sein
Wer das, was er schon hat, erbitten will,
Weshalb ich den treuen Liebenden rate,
Dass sie durch Zugreifen ihre Wünsche erfüllen.

Gar sehr weiss ich, dass sie es mir als Anmassung anrechnen
  werden,
Dass ich gesagt habe, dass ein echter Freund
Hierin sehr wacker und herrlich handelt,
Wenn er nach Möglichkeit sich an seiner Herrin weidet;
Aber ich glaube durchaus nicht stolz zu handeln,
Wenn ich das, was ich am meisten liebe und begehre,
Küsse und umarme, und ich möchte wissen,
Ob es ihr gefällt, dass ich durch sie einige Freude habe.

Dorthin, wo wahre Trefflichkeit ist,
Gen Arles begib Dich und säume nicht,
Lied, da der Herr dir Schutz sein wird
Gegen das falsche betrügerische Volk;
Und du mögest verstehen, die beiden Brüder von Rocafuelh,
In denen sich Ruhm und Jugend vereint,
Zu deinem Nutzen zu bewahren,
Wenn du an einem guten Hofe bleiben willst."

Daude de Pradas ist weiter bekannt durch das didaktische Gedicht über die vier Cardinaltugenden. Diese Dichtung (er nennt sie romans), in der üblichen Form der Reimpaare abgefasst, zählt 1812 Achtsilbler. Sie findet sich in der Pergamenthandschrift append. cod. XI der Marcusbibliothek zu Venedig. Austin Stickney gab sie heraus unter dem Titel: „The Romance of Daude de Pradas on the four cardinal virtues". Florence 1879. Wie Stickney nachweist, ist das Gedicht eine Nachahmung eines lateinischen Traktates aus dem Mittelalter, betitelt «Formula honestae vitae», dessen wahrer Urheber nicht Seneca, sondern Martin, Bischof von Braga im sechsten Jahrhundert ist. Daude nennt seinen Namen am Schlusse des Gedichtes, indem er sein Werk an Stephan von Chalançon, Bischof von Puy (1220—1231), sendet. Vgl. weiter oben S. 6. Die vier Tugenden: savieza — cortezia — mezura — drechura — sind personifiziert und werden redend eingeführt, indem jede angiebt, wie man ihrer teilhaftig wird.

Das bedeutendste Werk Daudes de Pradas ist „Lo romans dels auzels cassadors", ein versifizierter Beiztraktat, der nach einer kurzen Einleitung alle auf die Jagdvögel bezüglichen Punkte abhandelt: die verschiedenen Arten der Jagdvögel, deren Kennzeichen, die Behandlung, Ernährung und Abrichtung derselben, die ihnen drohenden Gefahren und Krankheiten, sowie die Mittel gegen dieselben.

Dem Geschmacke unserer Zeit sagt die Manier, umfangreiche, meist didaktische Abhandlungen, in Reime zu zwängen, durchaus nicht zu. Die zahlreichen Reimtraktate dieser Art indes, — ich erinnere an «Lo Breviari d'amor» von Matfre Ermengau, die zwei Ensenhamens für einen guarzo und eine donzela von Amanieu de Sescas, an den Adelsspiegel des Arnaut Guilhem de Marsan — berechtigen uns zu der Annahme, dass gerade diese Form, den Stoff bekannt zu machen, sich der besonderen Beliebtheit und der Gunst des Publikums jener Zeit zu erfreuen gehabt hat. Und so hat auch Daude durch die Abfassung seines Beiztraktates in 3792 paarweise gereimten Achtsilblern dieser Geschmacksrichtung Rechnung getragen. Geradezu Staunen ruft die mühevolle Arbeit hervor, einen so spröden Stoff, der die Vogelbeize und Rezepte für die Krankheiten der Vögel behandelt, in eine metrische Form zu bringen. — Der Vers ist überwiegend männlich. Die Reime des Gedichtes sind mit wenigen Ausnahmen (wie 2855—6, 3113—4, 3225—6, 3273—4) gut und volltönend. Hin und wieder reimt ein Wort mit seinem Compositum; vgl. v. 3237—38, 3279—80.

Daneben sind homonyme Reime zu verzeichnen: pes — pes 2761—62, brega — brega 3585—86; pro — pro 3723—24; pecca — pecca 3751—52. Trotz des trockenen Stoffes hat Daude sich in liebevoller Weise in denselben versenkt und weiss hin und wieder durch Einstreuung kurzer lieblicher Schilderungen — vgl. v. 3527—32, 3595—3608 — den Stoff interessanter zu machen. Wären uns nicht von dem Dichter lyrische Gedichte überliefert, so würden diese Stellen schon allein darauf schliessen lassen, dass derselbe auch Anlage für diese Dichtungsgattung hatte.

Eine besondere Beachtung verdient der Schluss des Beiztraktates wegen der gewandten Behandlung eines Sprichwortes und der feinen Durchführung des Wortspieles.

Da uns derselbe zugleich einen Blick in das Herz des Dichters, sein Denken und Fühlen gestattet, so dürfte die Übersetzung nicht unwillkommen sein:

„Gemäss dem, was ich versprochen hatte, ist mein Werk ganz vollendet. Wenn es jedoch Einen gäbe, der mehr davon wüsste und besser davon redete, so möge er nicht bei sich denken, dass es mich verdriesst, und ich deshalb die Tücke des Neides gegen ihn hege. Aber es giebt manche, die sich zu Schwätzern ausbilden und kein anderes Geschäft haben wollen, als das zu lästern und zu tadeln, was sie nicht besser zu machen wissen und nicht einmal verstehen, worum es sich handelt. Und dies geschieht aus Dummheit; denn wohl ist in Wahrheit dumm, wer das tadelt, was er nicht versteht; und wer infolge solcher Unkenntnis fehlt, ist durchaus nicht frei von einem Vergehen; denn kein Mensch begeht einen grösseren Fehler, als der, welcher durch Unwissenheit fehlt; und das Sprichwort stimmt dem ganz zu, das also sagt: Es haut zu, wer nicht sieht; denn ein Blinder und ein Dummer haben die Art an sich, dass keiner acht giebt, wohin er haut; denn der, welcher blind ist, sieht nicht von aussen, und der, welcher dumm ist, sieht nicht von innen. Und es giebt genug solche Blinde, Dumme, Übermütige, Verkehrte, Schwätzer, Väter und Söhne voll Niederträchtigkeit, behangen mit dem Flitterwerke eitler Rede, die ohne Unterlass kurieren und brüllen und Lästerer zu sein wähnen und durchaus nicht dahin gelangen können, dass sie in geschickter Weise zu tadeln verstehn; und ihr Tadel ist nicht einmal schlimm, dass er mit Recht ein solcher genannt werden könnte, denn bei dem Tadeln ist Wissen nötig, sei der Tadel falsch oder wahr; denn ein böses Wort ohne gute Rede befestigt sich nicht; von selbst vergeht es und verliert an Gewicht, und ein in richtiger Weise ausgesprochener Tadel siegt über ein thöricht geäussertes Lob. Tadel und Lob halte ich nicht für etwas Schlimmes; denn ein Tadel ist oft so viel wert als ein Lob, und durch einen Tadel, wenn er artig vorgebracht ist, läutert und bessert sich Gutes. Einen Tadel, der gut geäussert ist, muss man schätzen darum dass er dem, was gut ist, zu widersprechen wagt. Nie wird ein Genosse des Lobes ein Tadel sein, wenn er nicht gefällig ist; und gefällig wird er nie sein, wenn nicht irgend ein Lob dabei ist, und der wird in hübscher Weise niemals etwas sagen, der nicht andere, noch sich erkennt. Wohl weniger als nichts ist also ein schlimmer Tadel, der in übler Weise geäussert ist. Deshalb bereiten mir keine Furcht gewohnte thörichte Lästerer: Einen dummen Lästerer verachte ich und vertraue mich gebildeten Leuten an." (V. 3735—3792.)

Was den Text des «romans dels auzels cassadors», des umfangreichsten und bedeutendsten Werkes des Canonicus von Maguelone anbetrifft, so beruht derselbe auf der Handschrift der Bibliothek Barberini in Rom unter der Signatur XLVI—29, zum ersten Male ganz veröffentlicht von E. Monaci unter dem Titel: «Lo romans des auzels cassadors» in: Studj di filologia romanza, pubblicati da Ernesto Monaci, Roma 1889, p. 65—192. Einen Auszug aus diesem Gedichte hatte schon früher gegeben Raynouard in «Choix des poésies originales des troubadours» Bd. V p. 126—136. und nach ihm Galvani in «Osservazioni sulla poesia de' trovatori», Modena 1829, p. 353—389. Den Anfang V. 1—272 im Zusammenhange, hat zum ersten Male Mahn in «Leben der Troubadours», Berlin 1852, bekannt gemacht. Zwölf Jahre später gab Sachs die Fortsetzung (v. 273 bis 2720) in «Les auzels cassadors, poème provençal de Daude de Pradas, publié avec une introduction». Progr. von Brandenburg 1865. — Dieser von Sachs edierte Teil beruht lediglich auf der Abschrift, die sich in der Bibliothek des Arsenals zu Paris befindet, da ihm die Benutzung der Originalhandschrift in der Bibliothek Barberini nicht vergönnt war. — Als zweites Hilfsmittel standen Sachs die Auszüge einer alten katalanischen Übersetzung unseres Gedichtes zu Gebote, die im Archive zu Vich in Spanien aufbewahrt wird. —

Alle diese Arbeiten hat E. Monaci, wie er in der Einleitung des von ihm kollationierten Textes bemerkt, benutzt, so dass die Verse 1—272 von Mahn und 272—2720 von Sachs als richtig gestellt gelten können. Drei Stücke nach der Handschrift Barberini sind auch bei Bartsch, chrest. prov.[4] p. 177—84 abgedruckt.

Meine Aufgabe ist es, die 1072 Schlussverse (2720—3792) kritisch zu behandeln, d. h. den Text, wo es nötig erscheint, zu emendieren und die bis dahin noch nicht erklärten Wörter dieser Arbeit etymologisch zu erklären.

Die Quellen unseres Gedichtes, d. h. von V. 1—2720, hat Werth «Altfranzösische Jagdlehrbücher nebst Hs.» —

Bibliographie der abendländischen Jagdlitteratur überhaupt — abgedruckt in Gröbers Zeitschrift Bd. XII p. 146 bis 191 und 381 bis 415, Bd. XIII, 1 bis 34 — bereits einer eingehenden Untersuchung und Vergleichung mit anderen Texten über denselben Gegenstand unterzogen. Er kommt zu dem Resultate, dass das cap. XIX in Albertus Magnus, das überschrieben ist «De curis infirmitatum falconum secundum falconarium Frederici Imperatoris» und weiter «De curis autem falconum aliter quidam, dicta falconariorum Frederici Imperatoris, sequentes, determinaverunt» — unter Friedrich versteht er Friedrich II. — die Übersetzung eines provenzalischen Falkentraktats ist und zwar desselben, der mit Daude gleiche Quellen hat. — Das Buch des rei Enric d'Angleterra (= Heinrich II. von 1154—89), das Daude, wie er selbst v. 1905 bis 1909 gesteht, benutzt haben will, fällt wahrscheinlich zusammen mit jenem provenzalischen Falkenbuche. — In Betreff der Verfasserschaft des Buches von «rei Enric» lässt sich nichts erweisen.

Für Friedrichs II. Falkner, führt Werth weiter aus, haben wir uns die lateinische Übersetzung jenes provenzalischen Beiztraktates angefertigt zu denken. Von da ging sie über in die lat. Hs. Venedig — Anfang: „Recipe ad capud purgandum. Tolle picem mondissimam ad modum fabe . . ." (die nach dem Catalog der Marcusbibliothek mit Albertus Magnus fast wörtlich übereinstimmt) — und so in Albertus Magnus cap. XIX. und wurde mit Dancus (wie er in Dancus Mailand, Ambrosiana XV s., Pap. vorhanden ist = D M.) verbunden.

Aus der lateinischen Version floss die italienische im Gaudolfo, während D P. (= Medicin des Re Danco im Propugnatore) einem erweiterten lat. Dancus entstammt, in welchen für die aus dem Provenzalischen abzuleitenden Kapitel provenzalische Wörter und Sätze neu eingeführt waren. Wir erhalten folgenden Stammbaum: (Hds. V ist hypothetisch.) —

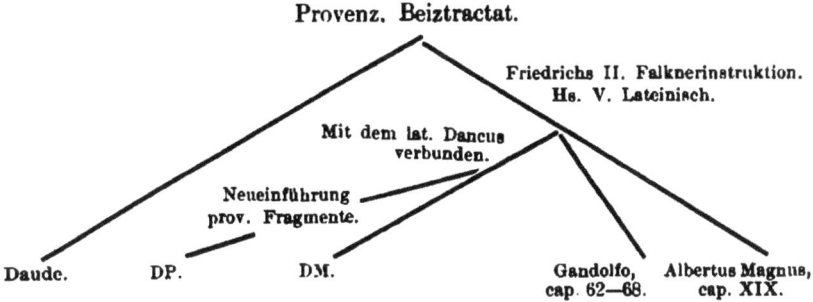

Diese Ausführung Werths in Betreff des Quellenverhältnisses findet auch durch meine Untersuchung hinsichtlich der 1000 Schlussverse ihre Bestätigung. Fast sämtliche Stellen des Daude treffen wir wieder, sozusagen wörtlich in Albertus Magnus' Capitel XIX, überschrieben «De curis infirmitatum falconum, secundum falconarium Frederici Imperatoris»; — dann in Cap. XX: «De regimine accipitrum, et infirmitatibus secundum experta Frederici Imperatoris»; ferner Cap. XXI, betitelt: «De regimine asturum secundum experta Guillelmi» und Cap. XIII: «de regimine infirmitatum omnium avium rapacium secundum Aquilam, Symmachum et Theodotionem». —

Die in diesen Capiteln des Albertus Magnus sich nicht findenden Entsprechungen zu Daudes Tractat sind entweder belegt durch:
1. Libro del Gandolfo Persiano „delle medesine de falconi" pubblicato . . . . . . da Giuseppe Ferraro. Bologna 1877, welches Werk in cap. 72—106 die italienische Fassung des Briefes des Arztes Grisofus an Kaiser Theodosius enthält. = G.
2. Il Propugnatore II[2], Bologna 1869, der den Dancus (Ms. Mailand, Ambrosiana XIV s., Pap., Art 2) enthält. Da Il Propugn. sich mit dem ital. Dancus ed. Mortara und Zambrini und dem französ. Dancus hrsg. v. Martin-Dairvault meist deckt, so setze ich ihn als Vertreter der Dancus-Redaktionen an. = DP.

3. Carcano Sforzini «Uccelli di preda» — Venetia 1587 — = CS.

4. Heinrich Mynsinger, von den Falken, Pferden und Hunden: „Das fünfft Capitel, das da sagt von den suchten der Habich und der Sperber und den Ertzneyen dawider, als sy der gross Maister und Artzat Ippocras in dem püchlin, das er davon gemacht und geschriben hat." Vgl. Bibliothek des litter. Vereins zu Stuttgart Bd. 71 p. 48: „Hds., angefertigt von der bekannten Clara Hätzlerin zu Augsburg im Jahre 1473." = I.

Der Übersicht und Kürze halber folgen hier die Parallelstellen in einem Schema:

Daude.	Alb. Magn.	D P.	G.	I.	C S.
2751—58	Cap. 19 p. 190				
2759—2804	„ 19 „ 190				
2805—2828				p. 49	
2836—2858			p. 120	p. 50	
2871—2878			p. 119		
2884—2912			p. 119		
2936—2948	„ 23 „ 196				
2949—2952	„ 23 „ 197				
2953—2960	„ 19 „ 191				
2969—2984	„ 23 „ 197				
2985—2992	„ 23 „ 197				
2997—3000					p. 195
3009—3020	„ 21 „ 195				
3021—3033	„ 23 „ 197				
3125—3132	„ 19 „ 191				
3132—3144	„ 19 „ 191				
3145—3158	„ 19 „ 191				
3179—3194					p. 213
3213—3262	„ 23 „ 197				

Daude.	Alb. Magn.	D P.	G.	J.	C S.
3315—3350				p. 52	
3351—3358	Cap. 20 p. 193				
3452—3459				p. 50	
3459—3472				p. 50	
3502—3506		No. 44			
3581—3586	„ 23 „ 197				
3587—3589	„ 20 „ 192				
3589—3595	„ 23 „ 197				
3609—3614	„ 18 „ 189				
3631—3637	„ 19 „ 191				
3647—3672				p. 51	
3681—3702	„ 23 „ 197				

Die Capitel 18 und 21 nach Guillelmus, 19 und 20 nach Kaiser Friedrich und 23 nach Aquila, Symmachus und Theodotion bei Albertus Magnus finden sich in Mynsinger also betitelt wieder:

„Das dritt Capittel sagt von den suchten der Häbich und der Sperber, und wie man die mit Ertzney wenden sol, Als sy Maister Wilhalm künig Rügers Valckner, etwenn beschriben und bewärt hat.

Das viert Capittel sagt von denselben süchten der Sperber und der Habich und von den Ertzneyen, die dawider sind, Als sy kaiser Friderichs vogler etwenn bewärt hat.

Das sechsst Capittel sagt von den Ertzneyen, die gemainlich den valcken, den habichen und allem vederspil fur ihr sucht gut sind. Als sy der Maister Aquila, Symachus und Theodocion dem künig Ptholomeo von Egipten Land geschriben haund." —

Ferner schreibt Mynsinger S. 48 unter:

Das fünfft Capittel:

„Ippocras, der gross Maister und weis Artzat in dem püchlin, das er von den suchten der Habich und der Sperber gemacht, hat beschriben die Ertzney wider die sucht der Habich. Und wann man die fleissiclichen mercket, so ist es on zweifel waur, das die vorgenannten künig Rügers und auch kaiser Friderichs Valckner und vogler haund ir kunst behabt und genomen von den natürlichen Philosophi und Maistern, die zu ihren Zeiten und vor Inen gewesen sind. Und dieselben haben das ursprünglich von dem Ippocras gehebt, wann er der erst weis und vernünfftig natürlich Philosophy und Maister in der Ertzney gewesen ist. Und ist auch gewesen vor Aristotiles und vor plato, Als das der gross Maister Galyenus schreibt von Im. Nu spricht er in demselben püchlin zu dem ersten Also: . . . ."

Aus dem vorher Gesagten ergeben sich, wie schon Werth (s. Groebers Ztsch. XII S. 166. 162. 161. 160) gezeigt hat, als die bekannten Quellen Daudes:

1. Der Brief des Arztes Grisofus an Kaiser Theodosius; ital. Fassung des Briefes in Gandolfo cap. 72—106.
2. Der katalanische Ptolemaeus. Der lat. Ptolemaeus des «liber de natura rerum» ist Quelle für Albertus Magnus (längere Zeit vor 1280) und man wird mit Recht das katalanische Original in das XII. Jahrhundert hinaufrücken.
3. Nach Daudes eigener Angabe das «Buch des Königs Heinrich von England», welches nicht mehr zu existieren scheint.
4. Dancus (DM), über den jedoch nichts Sicheres zu erbringen ist. Nach der Hypothese Werths ist Dancus vielleicht identisch mit Élysée d'Arcussia, einem Grafen von der Insel Capri zur Zeit Friedrich Barbarossas und später Heinrichs VI. Ihm möchte er den unter dem Namen des Dancus überlieferten Teil des lateinischen Falkenbuches zuschreiben. Dieser wurde nach seiner Annahme alsdann bald mit dem Beizbuche des gleichzeitigen Guillelmus verbunden — eine gewisse Selbständigkeit bewahren beide in sämtlichen Dancus-Redactionen — und dies Compilat ging schon im 13. Jahrhundert bald unter dem Namen Guillelmus, bald unter dem des Dancus."

5. Hippokrates, dessen Buch über die Krankheiten der Habichte und der Sperber auch verloren zu sein scheint. Ich glaube in der That annehmen zu dürfen, dass Hippokrates, obwohl in seinen Werken, speziell in den «Veterinaria», sich über Medizin gegen die Krankheiten der Vögel nichts findet, dennoch eine Schrift dieses Inhalts verfasst haben muss. Offenbar haben die Rezepte, welche Mynsinger im fünften Capitel bringt und ausdrücklich, wie wir oben gesehen, als von Hippokrates herrührend bezeichnet, als ursprünglichste Quelle jenen von mir vermuteten Artikel des Hippokrates über denselben Stoff. Denn wollte man denselben Hippokrates hier als authentisch zurückweisen, so könnte man mit gleichem Rechte auch die von Mynsinger angegebenen übrigen Quellen, wie «kaiser Friedrichs und künig Rüdigers Valckner und Vogler» als ersonnen und erdacht abweisen. Diese Annahme ist aber nicht möglich, da deren Artikel sich noch im Albertus Magnus wieder finden, ferner auch im Galenus, der bekanntlich die Werke des Hippokrates sehr stark, wie er selbst gesteht, benutzt hat.

Anmerkung: In dem nun folgenden Texte bedeutet bei den Varianten

M = E. Monaci,
L = Levy, dessen Artikel im Litteraturblatte (s. hinten Anmerk.),
B = Bartsch, Chrest prov.⁴, 180.

XCIII. Cant ausel estai esmagatz.

2751 Si ausel esmagatz esta,
c' om no pot saber cal mal a,
ab mel o ab oli rozat
et ab lo pols de fer limat
dos jorns secsec vos li donatz
2756 sa carn, c' aisi guerra viatz
contra tot queill ve dins lo cors,
c' om non puesca triar de fors.
d' aiso c' om ditz egestio
2760 o de passer o de rato,
penretz per engal, e nous pes,
cant es de dos deniers lo pes.
l' aloen pes un mei denier,
2764 de blanc pebre .v. gra entier.
aprop de lana suzolenta
o de salgema bell' e genta
dos deniers pezans de cascuna
2768 hi metretz, e pueis un' ez una
causa faretz en de per se
trusar e polvereiar be.
aprop de mel ben escumat
2772 e de bel oli ben purgat
.vi. gotetas ab lo pauc det

2751. esmagatz M.] qu' esmagatz.   2757. dins lo cors L.] dins cors,

hi gitaretz molt suavet.
aprop so i faretz gitar
2776 sol nou gotetas de lait clar
de fempna que son fill noiris.
aprop tot aiso se confis
de buire fresc aisi com fan
2780 lactoari c'om ven tot l'an.
tres pincholetas la senmana,
qui seran del gran d'un' aulana,
d'aquest lactoari faretz,
2784 et a vostr' auzel las daretz
ab grat o ses grat cal se vueilla,
que ges per lui hom no s'en tueilla.
per doas oras en la ma
2788 lo tenretz e pueis gitara
la poizo e la malautia
quel poder el sen li tolia.
e cant aura tot fors gitat,
2792 e vos aiatz aparaillat
queill detz aiga freida gran re,
e s'en vol beure, beva ne.
cant aura begut, paisetz lo
2796 de cor d'anhel o de polmo.
pero l'anhels be si tenria
d'erba no tastes anc nul dia.
et al plus caut que ja puscatz,
2800 lo polmo el cor li donatz.
aprop lo paisetz a sa guiza
de carn cauda, car ops li a;
e las pasers non oblides,

2780 u. 2782: Interpunction von L. aulana] aulanha. 2791. fors fehlt; ben tot gitat M. 2797. l'anhels be si] l'anhels si. 2798. d'erba no tastes anc nul dia] de erba no tastes anc dia. 2801—2802. l. vielleicht mit L. guia: can ops li sia.

2801 ni las soritz que no l'en des.
enquera, per ben espurgar,
la flor de l' api faitz secar,
e de serpol e de saletz,
2808 e bagas d' edra hi metretz;
e can n' auretz polvera fachu,
si l' en datz, fort lo dezenpacha.
varaire negre transplantat,
2812 qu' entresbas ha dousas en estat,
en vi dous cozetz longamen;
e cant er fort cueit trazetz l' en,
que plus al vi non fassa fais.
2816 sel vi mesclaretz ab lo grais
o de colomp o de galina,
o de morgoill, s' es en aizina,
que hom apella corp mari.
2820 d' aisol dona hom lo mati,
pueis dciuna tro al prim son;
et adoncx a sa fam respon
carn de porc ab ueu cueit masclada,
2824 que de graissa es be mondada.
enqueraill faitz autre secors:
aurpimen mesclatz ab lart d' ors
et ab graissa de cat salvatge,
2828 en deiu datz sel companatge.

XCIV. Cant ausel a verms.

Si vostr' ausel a el cors verms,
de la vida pot esser erms,
car lo verms del bon sanc lo merma,
2832 per so a ausel, cant s' averma,

2812. O douses? lez. dubbia M.] 2817. o de colomp o de galina] e de colomp e de galina. 2830. de la vida] e la vida. 2832. So Levy; in d. Hdsch. fehlt a. vgl. v. 3705.

deu hom secorre per dezempre
abansque fassals verms azempre;
car pos serion gran re e gran,
2836 greu n' escaparia ses dan.
faitz li doncx metzina sertana:
de l' api polveratz la grana,
pueis en la boca pausatz ne
2840 de l' auzel soven e gran re.
a catre gorgas paisetz lo
o de coloms o de rato.
encar traetz de la sadreia
2844 lo suc, e l' autra part er meia
de la salvatia laxugeta;
aqui li banhatz sa carneta.
enquera queretz de l' ensens
2848 e trosatz lo tant en totz sens
tro que n' aiatz lo suc conquist;
aprop auretz un budel quist
de galina e be mondat:
2852 umplir l' etz d' aquel suc colat
qu' er ben de mei pouze o plus;
e can l' auzel sera deius,
faitz loill traire aisi corren
2856 que del suc no senta nien;
e del budel sias molt coitatz,
que bel lietz d' amdoas partz.

XCV. Cant auzel a poiridura el cors.

Si vostr' auzel a poiridura,
2860 e par be a l' esmeutidura,
que fera es e corrompuda,

2834. abansque fassals] ans que fassal. 2835. serion 2 silbig. 2853. qu' er ben de mei o plus hat die Hds. 2855. faitz] fait. 2857. sias 1 silbig. 2860. esmeutidura] esmentidura.

ab aurpimen li faitz aiuda:
queill daretz lo cor d'un auzel
2864 dos iorns o tres en un morzel.
de la berbenal suc trazetz
et en autre cor loill daretz,
el suc de ruda autressi
2868 li daretz el cor d'un pouzi,
o ambedos ensemps mesclatz,
e l' uns er per l' autre forsatz.

XCVI. Cant auzel sanc esmeutis.

Si vostr' auzel sanc esmeutis,
2872 adonc podetz esser ben fis
que vena l' es rompud' el cors;
per que lo sancx s' en eis de fors.
momia e sanc de drago
2876 li daretz tres iorns per sazo
sus en la carn, e remanra
lo sancx que plus non issira.

XCVII. Cant auzel a peira el ventre.

Auzel qu' el ventre peira te,
2880 conoisoretz aisi dese:
los pes a blaus els hueills li tremblon
de tal guiza c' ades resemblon
que vueillon fors del cap issir,
2884 ges fort be non pot esmeutir,
ans esmeutis a gran perill,
son braguier taca de roill,
quel fondamens l' estai priou,
2888 que per la dolor si rescon,
e soven si mort de seguentre

2875. momia] monia.

per la dolor que a el ventre.
del sentrogal li dona hom
2892 ab carn caudeta queacom,
el granasol ab figadel
d' un cogul et iove porcel,
e d' aco eis que sus ai dig,
2896 que trobaretz aqui escrig
on parlei de peira de cap.
pero qui vol qu' ades escap
del mal que tan fort lo turmenta,
2900 fassal metzina que no menta.
de sain blanc un taillonet,
faitz en redon, alques longuet
de torn en torn enbalsamatz
2904 e pueis a l' auzel lo pauzatz
si com hom fai suppozitori.
apres gardas que nol trasfori
ni vens ni freits, ans lo metretz
2908 al plus caut soleill que poiretz.
datz vos sonh nous puesca tocar
de seguentre per fors gitar
la metzina, que sertamen
2912 la peira li fondra leumen.

XCVIII. Cant auzel a bistoc.
Si vostr' auzel bistoc malmena,
a sofrir li ave gran pena,
que mals es fort et enuios,
2916 car so es d' auzel menazos.
doas vetz esmeutis ensemps,
mas l' uns traitz es ades plus sems.
per so que plus noill puesca nozer,

2890. per M.] par. 2893. figadel] figarel. 2894. cogul et iove porcel] cogulet iove peruel. 2898. qu' ades] que ades. 2902. alques] aquel. 2912. la peira li] la peiraill. 2914. li ave L] l'ave.

2920 malvas e sadreia faitz cozer
en bel' aiga e metetz hi
de grais fresc de porc un bossi.
can so er iust perfaitamen,
2924 ab un cuillier sotil d'argen
en la boca mout azautet
l'en datz e sia tebeet.
si prendetz la peira figueira
2928 e la crematz en tal maneira
que tota polverar se laisa,
e dels razimetz de la vaisa
la polvera tan sotilatz
2932 que per un drap prim la pasatz;
ab buire fresc la mesclatz pueis
on raitz de fumula cueis,
e tot so donatz a l'auzel,
2936 bel guerra del mal del budel.
qui bat hueus en lait de cabreta
els cotz en una padeneta,
e tres vetz son auzel ne pais,
2940 ia pueis bistoc far noill pot fais.
pero, si vezetz c'aiso failla,
lo cart del pes d'una meailla
d'escomonea trusaretz,
2944 de comi aitant hi metretz;
aquesta polvera donatz
ab lo grais del porc fresc, sill platz,
tota crua la mesclaretz,
2948 e per forsa laill donaretz.

XCIX. Cant auzel no pot esmeutir.

S'es tant serrat, que esmeutir
non puesca el voletz garir,

2949. esmeutir L.] esmentir.

fel del gal li datz en condug
2952 e guerra leu, nous hi met cug.

C. Cant auzel a mal en las res.

Si vostr' auzel en ren a mal,
faitz li metzina natural:
de germandrea ben secada
2956 e ben en polvera tornada
tot un cor de pouzi n' umpletz,
e datz loill aisi com soletz;
aital ren datz e nuil morsel
2960 per alcun mal a vostr' auzel.

CI. Cant auzel grans sen gota.

Si vostr' auzel gota sentis
en alcun luec, aisi 'n gueris
e ges non es trop grans treballs.
2964 de presegas auretz nogaills;
faitz n' oli e pueis onhes ne
sel luec on la dolor si te.
oli de vaisa aissamen
2968 contra sest mal fai guerimen.
pero sill gota torn 'a rampa
*
so es cant te l' arteill levat,
2972 els arteills destrenh mal son grat,
auseletz que son petitetz,
c' om pren per mei lo cap ab bretz,
en suc d' artemiza metetz,
2976 e de l' ortiga, sius voletz,
e datz l' en soven a maniar,
eill rampa laisara l' estar.
ab sanc caut d' un anhel sendet

2958. datz] daitz. 2979. d' un anhel s.] d' anhel s.

2980 l' onhetz los pes mout azautet;
lavatz los li soven ab vi
tan be on l' ortiga boilli,
et en aquel vi moillaretz
2984 sella carn de quel paiseretz.
las fueillas de leune terrest,
de que belament si reuest,
cueitas en aiga fort trusatz
2988 e pueis sos pes n' envelopatz,
et en sel' aigas deu moillar
la carn queill daretz a maniar.
atretal li destrui e tala
2992 aiso gota, que fer en ala.

CII. Cant auzel a podagra.

Si vostr' auzel podagra pren,
so es gota que pels pes pren
et az oras los fai enflar,
2996 az oras franher e secar;
rusca de fraisser, de pomier,
de pauc roire e d' agrunier
faretz cozer tan longamen
3000 que torne espes e tenen;
et cant er tebe per razo,
vos hi metetz de veill sabo,
et en aprop, si nous oblida
3004 sobr' una peira ben polida
vos estendretz aquel emplaut,
que er negres a lei d' encaut;
los pes de l' ausel n' onheretz
3008 e de sus estar lo faretz.
l' erba que titinhal a nom,

2981. los M.] lo. 2987. trusatz M.] trusadas. 2989. sel' L.] sel. 2991. atretal li d.] atrctal d. 3006. d' encaut M.] d' ccaut. 3009. titinhal] tinhal.

que gieta l'ais sus per lo som,
quil ram li trenca e la fueilla,
3012 trusatz fort be, e nous ne dueilla,
mel e vinaigre aiustatz,
e pauc de caus, pueis oliatz
lai on la podagra sera.
3016 cant un iorn estat hi aura,
ab calque oli mesclaretz
aloen, et onher l'en etz.
aissi guerra de la podagra,
3020 non er tant mala ni tant agra.

CIII. Cant auzel a sobros.

A tot auzel que nais sobros,
cant que sia ni durs ni gros,
o neis aprop can sera durs,
3024 del guerir sias ben segurs,
s'aiso qu'eu dirai i pauzatz.
un gran d'aloen escalfatz,
faitz l'i estar, e nous enueg,
3028 liatz un iorn et una nueg;
e s'aloen non auiatz,
del femps del gal i pauzaratz
cueit en vinagre, quei estes
3032 aitan com ieu ai dig ades;
ben leu guerra, non i doptes.
. . . .

CIV. Cant auzel a la camba fracha.

Si vostr' auzel la cambas franh
3036 o ala, sitot no s'en planh,
gran dolor n'a e gran turmen.

3022. sia ni durs] sia durs. 3027. Interpunction von L.

ple ponh de linos solamen
faretz fort cozer e buillir;
3040 pueis o lasaretz tebezir,
et ab l' aiga, can n' auretz trait
lo linos, vos banhatz l' os frait,
et aprop d' eisa la semensa
3044 ab mel faitz cozer ses bistensa;
cant er ben cueita e buillida,
et ab lo mel si deminida,
e ia dorillon noi parra,
3048 sobre l' os frait se liara.
aiso faretz a cascun iorn
tro que l' os en sa forsa torn.
anoes, solfre e fer limat
3052 e consouda que nais en prat,
c' om met en banh per rompedura
e fai carn penre per natura,
trusaretz, cascuna per se,
3056 e cascun iorn donaretz ne
a vostr' auzel: e beus sovenha
que ges aiso ensems nos tenha:
si com es en per si trusat,
3060 deu esser en per se donat.
az ausel c' a os frait ni tort,
donatz soven del nazitort,
d' aquel o dic que els ortz nais,
3064 e de la grana, car val mais.
ancar penretz de la consouda
. . . .
ab sain et ab sanc mesclada,
3068 la trusatz fort; cant er trusada
liatz ne pueis cambas e cueisas

3042. lo] cl. 3043. et aprop d' eisa L.] et en aprop deisa. 3047. dorillon L.] d' orillon. 3051. anoes, solfre.| anocs c solfre. 3061. az. M.| auz. 3062. nazitort L.| nazicort.

d'auzels frachas, e sabretz pueisas
s'ieus ai dicha bona metzina;
3072 car dire laus cug ben per fina.

CV. Cant auzel es desrenatz.

Cant auretz ausel desrenat,
que hom apella desfilat,
sol ve can s'es trop debatutz
3076 et a estat massa pendutz,
entravatz lo coma caval,
los pes el col d'amon d'aval;
metetz deves cascuna part
3080 una vergueta, que bes gart
que nol toc on queill puesca nozer
a sel loc on lo voletz cozer.
sus en las res a una fossa
3084 on no cap meia fava grossa;
pauzatz li en aquel loguet
del solfre arden un granet,
e faitz l'ardre tot sus aqui
3088 e gardatz be que nos desli
entro que sia ben sanatz,
qu'en pauc de temps er aplanatz.
de las bragas que son tasca,
3092 lur son bonas qui las lur fa,
et a tot auzel debaten
fan desfilar defendemen.
e dirai vos com las faretz:
3096 de sobrel muscle passaretz
a travers una corregeta
qu'er pauc ampla e be moleta,
et er tan longa, que venra

3072. laus cug = la vos cug] l'auscug. 3073. auretz M.] auret.

³¹⁰⁰ tro als genoills: aquis metra
en cascuns dels caps us cordos,
qu' er de cambe, sotils e bos;
e l' uns de l' autre non er menre;
³¹⁰⁴ apres si devon abdui penre
ab los gietz davant e fermar.
sestas bragas sabon gardar
aissi auzel, cant si debat
³¹⁰⁸ ni per forsa del ma s' abat,
que non a poder mal si fassa,
car la correia si abrassa
los muscles el cors de viro,
³¹¹² que nos pot lansar a bando,
els nozels tro als genoills corren,
pueisas remanon on se queren.

CVI. Cant auzel a nos els pes.

Si vostr' auzel a nos els pes,
³¹¹⁶ enaisi lo' n gitatz ades.
fel de talpa, mastic, enses,
marme blanc can polveratz es,
ab clara d' un hueu destrempatz
³¹²⁰ et en blanca pel o pauzatz;
pueis liatz ne non trop estreg
sel loc que te los nos destreg;
e si vezetz queill tenga pro,
³¹²⁴ refrescaretz o per razo.

CVII. Cant auzel a porretz.

S'a vostr' auzel naisson porret,
avant sion massa longuet,
del garir non aiatz despeig.

3116. enaisi] en aisi. 3121. estreg M.] estregreg. 3122. sel loc M.| se loc.

sel' escorsa qu' estai en meg
del genebre aitant secatz
entro que polvera 'n fassatz;
d' aquella polvera soven
li faitz sus en la carn prezen.

CVIII. Cant auzel a enflatz los pes.

Si vostr' auzel als pes enflatz,
de l' aloen dese mesclatz
ab clara d' ueu et ab molada
ben negra e ben aferrada;
et aquella confecsion
pauzatz els pes per enflazon.
ben bona es e petit costa,
tant n' i pauzatz tro fassa crosta.
al segont iorn de bon sabo
l' ouhetz los pes et er li bo.
al ters iorn vos li tornaretz
sus la molada; so faretz
sitot sia un pauc de pena
tant quei aja guerizo plena.

CIX. Cant az auzel sobrecreis carns.

S' a vostr' auzel carn sobrecreis,
els pes o aillors, aqui eis
metre la devetz en encaus.
l' aloen trusatz e la caus
per engal pes, e metetz ne
de sus, c' aiso l' en guerra be.
enquera dic e prec e veill,
que trusetz verbena e milfueill
e plantage e salsifranha;

3141. al] el vgl. v. 3143. 3145. S' a] Si a. 3146. els pes o] els pesa.

3156 faitz ne polvera si estranha
e per tal, que dels pes guerisca
el reclam soven en sentisca.

CX. Cant auzel a verrugas.

S' a vostr' auzel naisson verrugas,
3160 sapiatz be che noill son astrugas;
car mal l' estai e mal li fan,
mas de tal guiza en mouran.
raitz de prunelier salvatge
3164 e falgueira qu' es en boscatge
— trobal hom sus en albre nada —
trusatz ab estopa mesclada
ab un coutel menudamen.
3168 cant er tot trusat ben e gen,
en fort vinagre o gitatz
et aqui estar o laisatz.
ab sel vinagre moillaretz
3172 la verruga qu' estrenheretz
e desempre ab un filet
de bona seda, ben fortet.
can la verruga moillara
3176 el filet plus estrenhera;
moillars et estrenhers aisi
moura la verruga d' aqui.

CXI. Cant auzel a l' ongla perduda.

Si vostr' ausel la ongla pert,
3180 ia non trobaretz tant espert,
c' un pauc no sia plus doptos
e d' estrenher meins volontos.
mas si voletz for bon' aiuda

3160. sapiatz be che] sapiatz che.   3165. trobal] troba.

3184 a l'arteill don sera moguda
l'ongla, metetz li del maresc
en un fel de pouzi tot fresc;
al pe l'estacatz tot entorn
3188 ab fil que areire non torn.
sel fel la dolor li tolra
el suzor sec' esecara,
quel poires apres aguzar
3192 e cais en ongla retornar.
sel suzor — noi es lo son pro —
seca, e guerra qui nol ro.

CXII. Cant az ausels serron las onglas els pes.

Auzels hi a que mal aguzon
3196 lur onglas, can l'arteill lur pruzon;
car totas las trencon e roen
entro ins els os las remouen.
metzina hi a bona e sertana:
3200 de l'escorsa de la milgrana,
cant er arsa e polverada,
salpicaretz una vegada
lo iorn, els pes moillatz el vi
3204 a l'auzel que si ro aisi.
suc de mentraste e de meroill,
qui ab un fel de porc lo boill
et en apres los pes l'en onh,
3208 lo bec dels pes fai estar lonh.
esmirle roen plus soven
lur pes c' autr' auzel veramen,
et aiso qu'ieu vos dic lur faitz,
3212 que leu se pot far en totz aitz.

3190 u. 3193. suzor] suzo; sec'] sec. 3191. quel = que la, aguzar] auguzar, vgl. v. 3195. 3193. noi es lo son pro muss in Parenthese stehen. 3194. nol = no la. 3195. Auzels] Auzel. 3197—98. Vgl. Anmkg. (hinten). 3210. lur] lurs.

CXIII. Cant auzel a febre.

Si vostr' auzel febre destrenh,
ges d' esser malautes nos fenh;
ans es malautes per daveras,
3216 et auiatz las ensenhas veras,
per que o conoisoretz leu:
lo cap te bas et er fort greu
que un pauc no l' aia enflat;
3220 sa pluma li trembla eill bat
e si noca si te tot dreg,
ben fai parer que aia freg;
e los hueills te claus per dormir,
3224 so que pren non pot degerir;
az oras gieta so que mania,
qu' en la gorga res no s' estanca;
un iorn mania coitozamen,
3228 autre non vol maniar nien;
un iorn tot a sa gorga te,
que non espenh neguna re.
magres si te et afamatz,
3232 e tot iorn estai esmagatz.
cant vostr' auzel veiretz aital,
sapchatz que febres li fai mal.
per febre lo sol hom sancnar,
3236 mas qui be non o saupra far,
no s' en deu per re entremetre;
que ades li poiria metre
en nervill flecme o en vena,
3240 queill seria pueisas gran pena.
pero qui sancnar l' en volia,

3221. noca si te M.] nocas tc. 3226. so B. 180₁₅ Hds.: que re en la gorga no s' estanca. 3229. tot a sa gorga te B.] tota sa gorga te. 3236. o saupra] o sap; Bartsch liest: mas hom qui be non o sap far. 3237. no s' en B.] no sen. 3238. que ades li poiria B] c' ades li parria.

la camba dreital liara
ben estreg ab una coreia;
3244 e ben cove fort clar hi veia,
car las venas son tant sotils
coma seria uns prims fils.
per mei de la camba davan
3248 a una veneta plus gran
que las autras venas non so,
c'adoncas paron de viro.
per mal de febre trenca sill,
3252 c'aisi gueris d'aquel perill.
de sotz el pe un' autra n' a,
que per batiges trencara;
e dereires sobrel talo
3256 n' a un' autra, queill fai gran pro
cant hom per gota sanc l' en trai.
pero contra febres dirai,
per so que sancnar nol vos cailla,
3260 metzina que non aura failla.
del suc de l' arzemizaill datz
et aqui la carn li moillatz.
autra l' en faretz eissamen,
3264 que trobaretz bona e valen.
d' un' erba que a nom lentilla,
qu' en aiga nais per meravilla
et estai per tot l' an verdeta
3268 et es pauca e redondeta,
polvera 'n faitz e mange ne
vostr' auzel, e garis lo be.
e quil banha en aquel bro
3272 on grua cueis, es li fort bo.

3249, 3250, 3251 sind also zu interpungieren. Monaci setzt 3249 Semicolon nach so und 3251 nach sill. — Bartsch 180,[39] u.[40] setzt Semicolon nach de viro und Comma nach sill. — 3269. en ist pleonastisch.

CXIV. Cant auzel a mal de rof.

Car uns mal sol un autr' aduire,
can non es qui premier en cure,
apres febres solon aver
3276 auzels grans mals per non caler.
rof e tesga son li peior,
car per rof suefron tal dolor
el cap, quel cap els hueills lur enflon
3280 tant fort, c' apenas pueis dezenflon,
e soven fora de la testa
lur getals hueills fors de la testa.
la raitz del rafe penretz,
3284 tres petitas ne triaretz,
e d' estafizagra tres gras,
de pebre dos entiers e sas,
e de girofle tres clavels,
3288 de ginebre que sia bels
tot lo pezan de dos deniers,
de serbe .xxx. gras entiers.
aiso tot ensemps trusaretz,
3292 et en aprop vos hi metretz
aitan de sain d' una trueia,
que de porsel fo plena e vueia;
de tot l' als si puesca defendre.
3296 cant l' aures fait en l' ola fendre,
en aquel suin buillira
tot ensemps, e tant cozera
ab un pauc d' aiga solamen
3300 que s' i metra premeiramen,
que las raítz amenuziscon

3277 und 3278. rof| ref. 3285. e d' estalizagra B.] d' estafizagra.
3289. tot lo B.| lo. 3293. d' una trueia B.] de trueia. 3296. fendre B.]
fondre. 3297. en aquel B.] et en aquel. 3298. tant L.] cant.

e que totas envaneziscon;
cant er cueit, ans que sia freg,
3304 colatz o per un drap estreg,
et en aprop conseill ques meta
en una boisa bella e neta.
lo premier iorn ne donaretz
3308 aitan can levar ne poiretz
ab la poncheta d'un coutel,
sus en la carn a vostr'ausel;
l'endema doas pinholetas,
3312 que sion doas favas grossetas,
l'en donaretz e pueis quec iorn
donatz l'en tres tro que sas torn.

CXV. Cant auzel a mal de tesga.

Tesga es mals que fai tal guerra,
3316 quel cap el fel el ventre serra,
non jes ensemps, ans ses nueitz trop,
en calque luec l'auzels s'atrop.
sil cap si te, de cal rauzetz
3320 el suc per las nars li metetz,
o prendetz sal et agrimen
e crematz o comunalmen
sobr'un teule rog et antic,
3324 e d'eis lo teule que ieu dic,
polvera faitz e per engal
de l'agrimen e de la sal.
cant tot ensemps er polverat
3328 e per tamis sotil passat,
vos ne gitatz ab un tudel

3311. Die Hdschr. hat E l'endema. 3312. sion ist hier einsilbig gebraucht. Vgl. 2835 die Anmkg. zu 2835. 3315. Tesga es mals] Tesga es tals mals. 3318. s'atrop L.] s'aprop.

ins en las nars de vostr' auzel.
se la tesga lo fel destrui,
3332 ab aital metzina s' en fui.
suc de savina ben colat
ab tant de lart de porc legat
e fresc faretz ensemps boillir
3336 e pueis colar e refrezir,
et en apres vos n' onheretz
la carn qu' a l' auzel donaretz,
o de l' aloen sius voletz,
3340 aisi com sus auzit avetz,
li faretz ab la carn trair
si que non o puesca sentir.
sil tesga es per aventura
3344 el ventre, la grana madura
faretz espremer del sauc
entro que n' aiatz trait lo suc;
o sius voletz, tant lo secatz
3348 que polvera far ne puscatz;
pueis l' un e l' autre maniara
ab la carn can se dirnara.

CXVI. Cant auzel a estat trop a soleill.

Si vostr' auzel a tant sufert
3352 caut soleill que la forsa pert,
del gitar noill siatz avars
aiga rossa ins per las nars
e carn de cabra emelada
3356 li donatz pro una vegada,
o de bon vi l' esposcaretz
la cara, qu' enaisil guerretz.

3338. qu' a] que a.

CXVII. Cant auzel a mal d'aguillas.

Si vostr' auzel aguillas sen,
molt er cazutz en gran turmen:
car aiso son uerm mal e fer
qu' entre la carn el cuer sofer,
et aguilla sembla quel ponha,
e si l' anzels loita e ponha
consi los puesca fort luchar,
mas petit i pot enansar,
pero aitan can pot ne fai
e per aguilla pena trai;
car aguillas aun tal costuma,
que auzel can las sent si pluma.
metzina es bona e corteza,
et auretz la fort leu apreza.
en la forest, on soill cabrol,
e c'om soven penre n' i sol,
l' auzel portaretz e casatz
un cabrol tro que pres l' aiatz,
e del cor, on plus caut poiretz,
del sanc mondat lo paiseretz.
pueisas lo pauzatz ben azaut
en un ram contral soleill caut
quels hueills els pes li toquel rais.
can ben er cautz, non poira mais
que non get for la malautia.
e qui un drap de sotz metia
bel e blanc, poiria chauzir
las aguillas e devezir.
Se las aguillas solamen

3363. ponha] ponga; vgl. 901—902 des Werkes. 3365. consi los] consi lo. 3371. metzina es bona] metzina bona. 3373. soill = so(n)li. 3379. pauzatz M.] pauzas. 3380. contral L.] contr' al. 3381. hueills] hueill. 3383. que non get for] que non get la. 3387. se las] sellas.

3388 son en la gorga, autramen
adoncas guerir lo poiretz:
pel menut de castor auretz
e faretz ne tres pinholetas
3392 coma fava ben redondetas;
pueis las faretz en mel trempar,
et en aprop vos faitz badar
lo bec de l'auzel e gentet
1396 metetz li dins ab lo pauc det.
lo iorn noill detz plus a maniar
entro que l'aiatz fait estar
al soleill et aia gitat.
3400 lo mal ab lo pel emelat.
s'aquesta metzina eis trop lenta,
de lana que es suzolenta,
tres pilolas faitz autressi
3404 e mesolatz las ab veill sai,
et una not las faitz iazer
en vinagre per mais valer,
lo mati las emelaretz
3408 et a vostr'auzel las daretz.
metzinaill faitz autra qu'es bella:
l'enter uscle de l'amela,
c'om clama git per autre nom,
3412 en un budelet de colom
metetz els caps abdos liatz,
e pueis a l'auzel o donatz;
o, sius voletz, lo budels vesta
3416 l'enter uscle de la genesta,
ol suc de l'ausen ben colat;
car cascuns li dara santat.

3388. Interpunction von L. 3389. poiretz M.] poires. 3392. coma L.]
come. 3401. es] eis. 3405. et L.] en. 3406. en vinagre L.] Et en vinagre. 3410.
ist zu kurz. Etwa Tot l'e u. d. l'aurela? Die Hds. hat l'enteruscle de
l'amela. 3413. metetz M.] metz-caps L.] cap. 3416. l'enter uscle] l'enteruscle.

de la carn que deura maniar,
3420 ab salnitre faitz polverar;
e si pouzi dar li voletz,
de pols de sadreia metetz;
del suc de l'erba serpentina
3424 en un budelet de galina
lo faitz tres vetz beure gran re,
et enaisi guerra dese.
enquera d'aguillas gueris
3428 aurs o azurs quil polveris
e de sobre la carn ne gieta
e tres iorns l'en dona dieta.
enquera faitz un' autra cura:
3432 datz li d'eram la limadura.
encara faretz, sius azauta,
. . . .
en un fust d'edra vert e gros
3436 per costa faretz far un cros;
de lait de cabra l'umpliretz,
e pueis d'eis lo fust lo clauretz.
pueis el caut vi lo faitz boillir
3440 e non o laisetz refrezir
entro que la carn hi moilletz
de que vostr' auzel paiseretz.
sel mal d'aguillas lo capte
3444 el destrenh tan que re non vc,
d'un oul vetaill li faitz maniar
al plus caut queill poiretz donar.

CXVIII. Cant auzel a peoills.

Si vostr' ausel es peoillos,
3448 ges fort non pot esser ioios.
ausel gros non so ten en re,

3438. d'eis lo fust] deis lo fust. 3445. d'un oul vetaill li] duc os vetaill faitz. 3446. queill] quell, vgl. 2757, 2793, 2863, 2990, 3081.

mas lo magre en mor dese.
la meiller metzina si es
3452 que l' auzel sia gras e ples.
pueis un cabrit viu escoriatz
et en la pel l' envolopatz,
et estei ins per tot un dia,
3456 c' aisi perdra la peoillia.
pel de lebre val autretan,
ab sol c' om viu l' an escorian.
en bel laisiu clar de savina
3460 lo banhatz tres vetz per metzina,
solfre et argen viu mesclatz,
et ab sain veill o trusatz;
pueis ab lo suc de la sermenha
3464 destrempatz o tant que clar venha,
e d' aco l' auzel onheretz
e pueis al soleill lo tenretz,
o en maizo iosta clar foc,
3468 si de soleill non avetz loc.
et en aprop en un bel drap
lo maillolatz tro sus el cap
et estei tota nueit aqui
3472 enmaillolatz tro al mati.
autra metzin' a ben sertana
contra peoills: qui pren la grana
d' un arbre que a nom puditz,
3476 — e car es vers la gens o ditz —
e can l' aura fort ben trusada
et ab vinagre destrempada,
las aureillas l' en onh el col
3480 li pezoill si tenran per fol;
e sotz las alas autressi

3458. ab sol c' om] sol c' om. 3462. et ab sain veill o] ab sain veill o. 3467. o en] on en. 3469. et en aprop M.] aprop. 3473. metzin' a] metzina. Vgl. 3199.

l'en onh, mort seran al mati.
si vostr' ausel, cant lo noiretz,
3484 ab oli d'olivas onhetz
et ab lait de cabra caudet
el faitz estar al soleillet,
ges peoills noill pot remaner
3488 per tal queill quesca dan tener.
enquera l'ecxens cozeretz
en aiga e mesclar hi etz
de tremol l'escorsa meiana;
3492 aital aiga de peoills sana
tot auzel, si ab tebezeta
l'en banhatz soven la plumeta.
s'ap bel leisiu clar d'eisernnen
3496 mesclatz oli cominalmen
e pueis ne datz un cuillairet
tot ple a l'auzel sovendet,
so de peoills lo defendra
3500 e tolra li aquels que a.
enquera, qui en aigal banha,
on lob es cueitz, e non l'estranha
que non l'envolop en dese
3504 en lana penchenada be
e tot un iorn ins aqui iassa,
no cre peoill pueis mal li fassa.
autra metzina faitz uzada:
3508 una mezura de sivada,
tal que pot uns rossis maniar,
en aiga freia faitz trempar
tot una nueit; pueis coga tan
3512 que la rusca s'en an levan;
per un drap lini deu colar;

3495. bel] del. 3499. defendra M.] defenda. 3501. aigal] aiga.
3503. que non l'envolop en dese] qui non l'envolopa en dese.

cant er freia, faitz hi banhar
sel auzel cui peoill destrenhon;
3516 aisi cre che lur via tenhon.
enquera dic: qui onh un fil
de lana non ges trop sotil
ab graissa d' auca o de galina,
3520 entorn lo col sel fil aizina
els pes el bec l' onh autressi
e las alas d' aquel saï
de sotz lai on al cors si tenon,
3524 fort ne meilluron on si penon
sill auzel que peoillos so,
mas ops lor er que manion pro.
d' un albre c' om fusanh apella
3528 o colonhet, e met granella
roia cairada, e vertz put,
et aquist comtador menut
ne porton ades bastonetz
3532 que comtan menon entrels detz,
li faitz far perga en estiu,
e noill laisara peoill viu.
autra metzinaill faitz enquara
3536 qu' es fort bona e no es cara,
c' anc mais, aisso cug, non l' auzis:
bagas de cabra que hom dis
azome can lor a de zastre
3540 destempratz ab suc de mentastre,
so sia so vetz de carn osoill
de l' auzel que laissa peoill.
autra l' en faretz qu' es sobreira,

3522. d' aquel M.] d' adaquel.   3524. on si penon L.] on peiuron.
3532. comtan M.] comten.   3534. laisara L.] laisa.   3535. enquara M.]
enquera.   3537. mais, aisso cug] mais so cug.   3543. faretz] faitz; faitz
que es sobreira L.

4

3544 de totas es plus vertadeira
e per re noi trobares pec,
sol una nueit gardes lo bec
els pes que nos puesca far mal
3548 per la metzina que tan val.
tant faitz un bel carbon trusar
com si 'n deviatz tencha far,
ab argent viu l' aiustaretz
3555 e soven hi escupiretz;
e cant er ben encorporat,
aiatz un fil dins remenat
de trama e d' aital mezura
3556 qu' en puscatz far al col sentura
de l' auzel e liar azaut,
e d' aiso fortmen vos encaut,
pos lo fil er al col liatz,
3560 l' auzels non sia sols laisatz.
sotz l' aisela poiretz liar,
mas non deu pueis soletz estar.

CXIX. Cant auzel a tinhas o arnas que son tot un.

Si vostr' auzel arnas afolon,
3564 e las penas tot iorn li tolon,
perdutz es qui no las esquiva.
prendetz un pauc oli d' oliva,
a mezura de ser' aitan
3568 com de l' oli tot per garan
e faitz n' enguen et onhetz l' en
per aqui on las arnas sen.
de suc d' ensens per drap colat,

3544. de totas es plus v.] de totas es la plus v. 3564. e las p. M.]
las p. 3567. de ser'] de ser; ser' = sera = cera. 3566. oli d' oliva M.]
pauc d' oliava. 3571. colat] colatz.

3572 ab leisiu d' eiserment mesclat,
li moillatz las penas arnozas
que non son encar del tot rozas.
fueillas de rafe cozeretz
3576 ab mel tant que dur o veiretz,
pueis ab lo vi o destrempatz
e nou iorns la pena hi moillatz.
quil sanc caut d' una leviazo
3580 d' ome li dona, fort es bo;
carn de boc si 's ben enbeguda
de vinagre, fort hi aiuda.
vinagre ab oli lauri
3584 mesclat val enguen bon e fi,
qui las penas soven ne brega
on las arnas faun mala brega.
sella carns gran pro far hi sol
3588 quil moilla en suc de barbaiol.
qui de papaver lo suc trai,
pueis l' escalfa per valer mai
et ab tebeet n' onh lo cors
3592 de l' auzel, las arnas met fors.
e qui sa carn el suc li moilla
si vol que las arnas li toilla,
car tres papaver a divers,
3596 so es blancx e vermeills e ners,
aiso devetz del blanc entendre
si 'u trobatz a don o a vendre;
car el nais ben entorn los ors
3600 e fai gran bossa coma pors
on met gras que son tan sotil

3572. mesclat] mesclatz. 3584 und 3586. Interpunction nach L.
3588. quil L.] qui. 3589 u. 3595. papaver M.] paver. 3594. toilla] tola.
3595. papaver a divers] papaver hi a vers. 3599. car el nais ben entorn]
car el nais entorn.

4*

qu'en cascuna n'a plus de mil.
pero sil blanc non trobavatz,
3604 ab lo vermeill o esproatz.
erba es que met flor tan bella
que l'enfan apelon rozela,
pro troba hom e sai e lai,
3608 car els blatz soven gran mal fai.
encar hi a un bon conseill:
l'auzel faitz estar al soleill
et ab mel claret onhetz li
3612 totas las penas per aqui
on las arnas enuei li fan
e desempre defors parran.
can seran defors, vos auretz
3616 una polvera que faretz
de veire claret d'agrimen
e de rusca d'albre plazen,
so es fraises, mas la maiana
3620 rusca issira plus sertana.
aquesta polvera gitatz
de sobre l'auzel e sapiatz
que de las arnas ausira
3624 tantas cantas ne trobara.
qui de l'ecsens e de la sal
buill en vinagre, molt hi val,
si la pena per aqui n'onh
3628 on arna l'auzel ro e ponh.
autre conseill hi a fort ric
que non tanh a auzel mendic;
car el pertus d'on issira

3614. e desempre defors] e desempre fors. 3615. defors] fors. 3617. de veire claret d'agrimen] de veira clar d'airemen. 3622. de sobre l'auzel e s. M.] de sobrel e s. 3625. Comma hinter sal getilgt von L. 3626. buill en L.] buill eu. 3630. tanh a auzel L.] tanh auzel.

3632 sill pena que roza sera
metetz de pur balme un pauc
e sis recueill be dins lo trauc,
totas las arnas de viro
3636 morran eill pena de rando
sorgera fors tota novela
et er viatz bona e bella.
autra metzina vertadeira
3640 li poiretz far d'aital maneira:
las penas arnozas moillatz
ab fort vinagre, pois gitatz
de fel de porc per tot desus,
3644 et adoncx er l'auzels deius,
e sedas de porc capoladas
li donatz ab la carn mescladas.
aiso fauc saber a cascun
3648 que arna e tinha es tot un,
e si voletz cortezamen
pena tinhoza far valen,
del cors de l'auzel la trairetz
3652 al plus azautet que poiretz,
e mundatz la tan be del sanc
entrol cano veiatz tot blanc.
aprop li faretz autr' aiuda,
3656 et aures ars grana de ruda
e de niela polverada;
cant er ab vin blanc destrempada
o ab vinagre, sius voletz,
3660 davant ins el cano'n metetz
e d'aital guiza unpletz l'en
que per l'umplir no s'an fenden
et aprop vos la tornaretz

3636. Comma nach rando getilgt von L. 3637. sorgera L.] e sorgera. 3642. pois gitatz] fort gitatz. 3646. li donatz] si donatz. 3657. So schon Rayn. l. r. IV, 315. Die Hds. hat de niela. 3660. el cano'n metetz] el cano metetz.

3664 en aquel luec d' on la traissetz;
mas tant azautet si deu far
l' auzel nos dueilla del tornar.
s' aquela tornar noi podetz
3668 d' autr' auzel plus prim anqueretz
e d' aital guiza l' adobatz
cous ai dig, e si lai pauzatz;
cal quei tornetz ben si penra
3672 e pueis tinha dan noill fara.
qui las moras dels cams amassa
et ab brotz de vitz vertz las cassa
e de tal suc moilla soven
3676 penhas tinhozas veramen,
· de la tinha lur fai guirensa
qui ab ora lur o comensa.
de la pena che tinha ro
3680 si trencatz tan prop del cano
o consi neis que s' avengues
quel pena prop del carn fraisses
tant c' ap ma no s' en pogues traire,
3684 de tal guiza o devetz faire:
sercatz un greill que sia gros
e gitatz lo fors de son cros,
et ab lo sanc sel loc moillatz
3688 on lo canos malament iatz.
sil greill no trobatz asermat,
prendetz del sain d' un gran rat
e sel loc n' onhetz autressi
3692 el canos issira d' aqui.
pueis si voletz queill pena venga
bona e tost tal que pro tenga,
cozetz mel en un vaiselet;

3664. traissetz L.] trairetz. 3669. d' aital] daital. 3682. quel penа .
fraisses L.] ques pona . . . fraitz es.

3696 cant er cueitz, faitz n' un candelet
tot sotil que puscatz pauzar
a sel loc en que sol estar
lo canos qu' enuei i fazia.
3700 aquel mels adoba la via
a la pena que deu venir,
creisser la fai tost et issir.

CXX. Cant auzel pert sas penas.

Si vostr' auzel no sap per que
3704 las penas pert, e vos dese
a sella pena secorretz
ab ecsens e pueis ne faretz
polvera e metretz hi sal
3708 tan d' un com d' autre per engal,
ab vinagre ho destrempatz,
aprop per sels luecx ne pauzatz
don las penas cazudas son,
3712 que aisill faretz garizon.

CXXI. Cant auzel es enfumatz.

Si vostr' auzel es enfumatz,
bon vi ab mel rozat mesclatz,
e si metzina qui l' en met
3716 ins en las nars queacomet
e sus el cap l' en deu gitar
qui bel vol far del fum liurar;
tot iorn estei en luec escur
3720 per so queill clartatz nol peiur
e que del fum guerisca meills.

3701. a la p. L.] e la p. 3706. ab ecsens L.] et essiens; vgl. 3489.
3625. 3711. cazudas son M.] cazucha son. 3713 u. 3714. Interpunction
von L. 3720. clartatz M.] claratz; nol] noill.

grana d' api e sains veills
mesclat ab mel i te gran pro,
3724 si ab sa carn ne mania pro.

CXXII. Cant auzel es enbatutz e lasatz trop.

Si vostr' auzel es trop lasatz
e per trop grans auzels casatz
que l' aion batut e ferit
3728 e malamen revolopit,
de carn caudal paisetz dese
de mel clar enmelada be,
que sia netz et escumatz,
3732 e cant aura tres iorns passatz,
la carn d' un colomp dauraretz
de reupontic, pueis laill daretz.

3729. caudal (= cauda lo) L.] cauda. 3731. escumatz] escumat.
3732. passatz] passat.

Segon so c'avia promes,
mos romans del tot complitz es.
pero, si negun n'i avia
mais ne saubes e meills dizia,
ia nos pense que m'enoges
ni mal d'enveia l'en portes.
mas tals n'i a ques fan parlier
e no volon aver mestier
mas de maldire e de blasmar
so que no sabon esmendar,
ni non entendon neis que s'es;
e so ave de nesies,
car ben es nesis veramen
qui blasma so que non enten.
e qui faill per tal nosabensa
ges non es quitis de faillensa,
car nuills hom no fai maior pecca
de sel que per non saber pecca;
el proverbis consent hi be
que ditz aisi: fer qui non ve;
car secx e pecx aun tal maneira
que negus non garda on feira.
que sel qu'es secx no ve de for,
e sel qu'es pecx no ve de cor;
et a n'i pro d'aitals secx pecx
outracuiatz, travers, bavecx,
paire e fill de vilania,
auripelat de parlaria,
c'ades van metian e rugen
e cuion esser maldizen
e ges noi podon avenir

3735—3792. schon bei Bartsch 182₁₄ ff.   3741. tals B.] tal.

c' adreitamen sapchont maldir.
e lor maldig non es neis mals
3768 qu' en dreit puesca esser digz tals:
car en maldig a obs saber,
sial maldig o fals o ver:
car mals digz ses bon dig no ferma,
3772 per si mezeis desvai e merma,
e maldig ditz adreitamen
vens bendig dig nesiamen.
maldig bendig non tenc a mal,
3776 car maldig bendig soven val;
e per maldig, cant es cortes,
s' esmera es meillura bes.
maldig ben dig deu hom prezar,
3780 car a ben auza constrastar.
ia de bendig non er pariers
maldig, si non es prezentiers;
e prezentiers non sera ia
3784 si queacom bendig noi a,
e sel noi dira ia ben re
que non enten autrui ni se.
ben es doncas meins que non res
3788 avols maldigz que mal digz es:
per so nom fan nuilla paor
vezat badoc maldizedor;
fat maldizen giet a mon dan
3792 et a gen cortezam coman.

3768. qu' en dreit B.] qu' endreit. 3771. ses bon dig] s' es ben dig.
3774. bendig dig n. B.] bendig n. 3775. bendig B.] ben dig. 3776. bendig
soven B.] dig un ben. 3779. B. ergänzt sicher richtig das der Hds. fehlende
dig, schreibt aber falsch: bendig, das getrennt in zwei Wörtern geschrieben
werden muss. 3781 u. 3784. bendig B.] ben dig. 3788. mal digz] mals
digz Hds., malsdigz B. 3789. fan B.] fai.

Anmerkungen.

XCIII. Cant ausel estai esmagatz.

2782. **aulana**, nicht aulanha; der Reim verlangt aulana und dies ist auch die richtige Form, = avellana scil. nux, Nuss aus Avella in Campanien, Haselnuss. Vgl. Notes zu Daucus p. 84_{17}: „L'avelaine ou aveline est la noisette ordinaire; on donnait aussi ce nom à une mesure de poids." «Avelana aliquando sumitur pro fructu, aliquando pro pondere, ut apud Avicennam, in distinctione ponderum et est pondus aurei unius. Magnitudo avelanae apud Avicennam est sicut granum lauri.» Luminare majus p. 23.

2797 und 2798 sind in d. Hds. zu kurz; in 2798 muss das e in de vor erba elidiert werden.

2807. **saletz**, Weide setzt ein lat. salicium voraus. Vgl.
1. Mistral: salés (lat. salix) languedocien: salze roman (vieux provençal) = sauze-sautz.
2. Du Cange belegt salix-salicium, Weide.
3. Nemnich: salix — ital. salice. Brescia: «salez».
4. Mynsinger 49 entspricht V. 2805—2828 bei Daude: „Von den Ertzneyen, die den Habich rainigent, so er ynwendig siech ist.

Zu dem ersten soll man nemen die plûmen von dem krautt, das da haisset Epff, und plûmen von den «weiden», und das recht gras mit vil knöpffen, das die Appodecker nützent, und die plûmen von dem krautt quendel, und die stücke sol man pulvern und das pulver mit dem Flaisch geben dem Habich zu essen."

Die gegebenen Belege zeigen, dass Raynouards Angabe saletz = céleri falsch ist und man als Bedeutung von saletz «Weide» anzusetzen hat, zumal «api» céleri, Sellerie, Eppich ist.
2808. **edra**, hedera helix, lierre, Epheu (3435).
2811. **varaire negre**, veratrum nigrum, helleborus niger, schwarze Germer oder schwarze Niesswurz, auch Christwurz, Weihnachtsrose und Schneerose genannt. Vgl.
1. Sterne «H.- u. W.-Bl.» S. 225—26 u. 464—67: „Bereits im Altertume wusste man, dass der helleborus niger, veratrum nigrum, ein schwarzes Gift enthält, das beim Menschen gefährliches Erbrechen und Purgieren..... erregt. Von dieser bedenklichen Eigenschaft stammt wahrscheinlich der lat. Name «veratrum» d. h. das zu Scheuende (von vereor).

— Der Name helleborus niger ist der Pflanze beigelegt worden unter der Voraussetzung, dass sie jene berühmte schwarze Niesswurz sei, welche die Alten für das Hauptmittel gegen Gehirnkrankheiten hielten. Schon im zwölften Jahrhundert nannte die heilige Hildegard unsere Blume Christwurz und ähnlich schrieb Brunfels um 1530 „Die Pflanze wird Christwurz genannt, darumb das sein Blum, die gantz gryen ist, uff die Christnacht sich uffthut, und blüet. Welches ich auch selb wahrgenommen und gesehen, mag fur ein gespötte haben, wer da will."
2. E. Rhodion «Kräuterbuch 1550»: Veratrum nigrum, Christwurtz. Christwurtzel ist für die schwarz Niesswurtzel gehalten. Vgl. auch Fuchs, Herbarius cap. 105.
3. Revue Bd. XIX p. 118: nigrum veratrum (ellébore noir).
4. Mistral: varaire (ital. veratro, lat. veratrum), varaire negre, hellébore noir.

2812 ist völlig verderbt: entresbas ist unverständlich. Die Bemerkung des Theophrast IX cap. 10 „Die Pflanze wurde auch zwischen Weinstöcke gepflanzt, um ein noch milder wirkendes Mittel in dem daraus gekelterten Weine zu erhalten" und die des Dioscorides IV cap. 146 „Celeriter effodiatur oportet, quoniam halitu caput aggravat — quapropter ad id arcendum, fossuri alium praesumere et vinum bibere consuerunt" — deuten zweifelsohne den Weg an, der zu einer richtigen Conjectur führen kann, zumal da transplantar V. 2811 „verpflanzen" heisst, in V. 2812 aber adousar „mildern" stecken und estat den Zustand des Weines bezeichnen könnte. entresbas ist kein provenz. Wort; wohl existiert entrebastir, dazwischenbauen, einsetzen.

2818. morgoill, Taucher, Tauchente; Ableitung vom lat. mergus; Mistral: margoul (rom. morgoill, merguli, ital. mergo, lat. mergus) s. m., plongeon.

XCIV. Cant ausel a verms.

2834 in d. Hds. zu kurz, daher: abansque . . . . .

2835. Die Endung ion in serion ist hier einsilbig gebraucht, ebenso sion statt sion 3312, sias 2857; sonst richtig sia 3022, sias 3024, sion 3126, siatz 3353, seria 3240, 3246.

2843. **sadreia,** satureja officinalis, Saturei, Pfefferkraut. Plinius leitet den Namen von «saturare = sättigen» ab.

2845. **salvatia** laxugeta. Vgl. Barthés „Lachugo ou laxugo salbajo, laitue sauvage, lactuca silvestris . . . . . . du latin lac, parce que la plante montée en graine est lactescente.

2847. **ensens** etym. incensum, franz. encens, ital. incenso, catal. encéns, thus, Weihrauch. Vgl. 3117 enses, sowie Romania XII 102 u. 103 ences, 3489 ecxens, 3571 ensens, 3625 ecsens. — Vgl. Albertus Magnus p. 189—190 und 195, wo «Weihrauch» durch thus oder olibanum, der beste Weihrauch übersetzt ist.

2853 in d. Hds. zu kurz, daher «qu'er ben de mei pouze o plus» in Übereinstimmung mit Albertus Magnus p. 191 „Si autem anguillae, hoc est lumbrici longi, comedunt falconem, tolle tenerum pullum pudillum (= pudellum; pullus adj. = jung s. Klotz und pudellus subst. = Darm. s. Du Cange) sive intestinum aqua bene lotum, et fac inde «tres nodos ad mensuram medietatis pollicis» et ex utraque parte firmetur . . . . liga tenui filo, et imple oleo lucidissimo, et ponatur in gulam falconis" und mit Gandolfo p. 120 (Male di li lombrisi): „Tuoi uno bodelo de galina, lavalo bene e «sia longo doa dia», ligalo de one lato, impilo de bono olio, fajelo injottire la matina a dezuno."

XCV. Cant auzel a poiridura el cors.

2865. **berbena** neben verbena; Barthés: Bermeno et Berbeno (du latin verbena). Verbena officinalis, Eisenkraut.

XCVI. Cant auzel sanc esmeutis.

2871. **esmeutir** mit Raynouard; nicht esmentir mit Monaci, altfrz. esmeltir; s. Littré (unter émeutir), der es von esmeute (von esmovoir) ableiten möchte. Le livre du roi Dancus p. 6_{15} in den Notes: ismartire, pour esmeutir; émeutir, en fauconnerie, veut dire fienter, daher: 2860 **esmeutidura**, Ausleerung; und esmeutir: 2884. 2917. 2949 = Albertus Magnus p. 197 (stercorare).

2875. **momia** oder **mumia**, nicht monia. Vgl.

1. Tardif in Cabinet de vénerie IV p. 123 „Si l' oyseau a prins si grant coup qu' il geste sanc par le fondement, donne-luy en son past, «pouldre de sang de dragon», de boly armenic et de «momie»."
2. Carcano p. 164 „Ma se la smaltitura sarà bianca segnata però di qualche colore rosso, giallo, ceruleo, ò beretino, ò d' altro simil colore, darà inditio l' uccello esser mal sano e haver bisogno di purgatione, come «di Mumia purificata»"; vgl. noch Carcano p. 165, 166, 197, 205.
3. Dancus p. 6_{17} „Quant il a mal es rains «pran mumiam»" und Dancus p. 21_4 „Quant il a la goute mortel es rains, «pran mumiam»."
4. Arcussia p. 117 «de la mommie». La mommie se donne aux oyseaux en deux façons. C'est ou dans la cure seche, ou bien avec leur past, en poudrant d' icelle la chair qu' on leur donne, coupee par morceaux."
5. E. Rhodion cap. 44 d „Mumia ist das gefunden wirt inn gräbern der gebalsamierten menschen — drei gran schwer unt wein eingeben stillet von stunden das blůt."

6. Eine genaue Zusammensetzung der Bestandteile der mumia wird gegeben in Carcano p. 235 cap. 30, überschrieben «Del preparar la Mumia» und in den Notes zu Dancus p. 101 $_{17}$.

Ebd. **sanc de drago,** sanguis draconis. Vgl. E. Rhodion cap. 48 „«Trachenblût» ist ein safft eins baums rot als menschenblût. Es stoppft die adern und benimpt das blûten on schaden. Wer blût harnet, der neme diss pulver" und «Grant herbier» Nr. 417 sanguis draconis „Dicunt quidam quod est succus herbae, quod falsum est. Est autem gummi arboris in Persica et in India nascentis. Sanguis draconis dicitur, quod similis est", also nicht sanguisorba officinalis, welches eine Pflanze ist. Vgl. Nemnich und auch Romania XII 104 zus. 2: sanc de drago = sang-dragon, résine du calamus draco, palmier, bot. Drachenblut. Sanc de drago wird als blutstillendes Mittel ferner erwähnt in Gandolfo p. 119 „Quando ha roto lo figado e squiza sangue mesedado: „Tuoi «sangue de dragone», dele more, de pese dui dinari, pestala inseme e mesedala cum la carne, dagela per tri dì e serà guarito."

XCVII. Cant ausel a peira el ventre.

2891. **sentrogal,** centrum galli, Wild-Scharlach. Vgl.
1. E. Rhodion cap. 158a: centrum galli, Wild-Scharlach — „Scharlachsafft genützt mit Steynbrechsamen / ist gut für n steyn."
2. Mone IV cap. 242: centrum galli, hanencam.
3. Albertus Magnus p. 195 „Iterum autem contra «lapidem asturis», et renum corruptionem accipe «centrum galli» partem unam . . . . . ."

2893. **granasol,** grana solis, Meergriess. Vgl. Rhodion cap. 133c „den Samen gestossen zu pulver . . . . . bricht den steyn." «Grant herbier» Nr. 223: granum solis, lithospermum officinale . . . . cuius semen proprie dicitur granum solis sive millium solis, quia nitidum est et clarum. Vgl. auch C. Sterne S. B. S. 141—42.

2893—94. **figadel** nicht figarel. Vgl. Gandolfo p. 119 «De conoscere e guarire el male de la preda.» Non po smaltire se non è cum grande pericolo e fadiga, cum lo becho si morde la smaltidura, avrese lo fondamento, ha gli ochi turbidi. Tuoi de l'herba [s]entregale trita, e dagela cum la carne calda. Sel non guarirà, tuoi «grana sollis» tridalo e dagelo cum uno «figadelo de uno pollo picinino», e sel non guarirà, tuoi del balsamo mesedado cum lo sino (?) biancho, mitilo in lo fundamento pianamente, mitelo al solle e guarirà . . . . .

Nach diesem Rezepte des Gandolfo, welches mit Daude v. 2884—2912 ziemlich genau übereinstimmt, dürfte der V. 2894, welcher verderbt überliefert zu sein scheint (ein Wort peruel ist bis jetzt provenzalisch nicht nachgewiesen), wohl also conjiciert werden können:

d'un cogul et iove porcel oder genau mit Gandolfos «de uno pollo picinino» vielleicht auch d'un poulet et iove porcel, zumal die Zusammenstellung von „cogul, Kuckuck und porcel, Ferkel" etwas merkwürdig erscheint. Zu porcel für peruel vgl.

1. Dancus p. 8_{16} . . . il a la pierre ou fondement. La medicine est tele: pran le cuer dou «porcel».
2. Albertus Magnus p. 119 „quando vero longe non egerit, petrae signum est, tunc ei detur cor «porcinum».
3. Tardif (Cicogna . . .) cap. 37 contra la pierre „pais le de chair de «porc» avec son sang; ou lui donnes son past de coeur de «porc»; ou bien prens fiel de petit «porc».
4. Arthelouche p. 96: lui donnez avec sa viande lard de «porc», und p. 100, wo er unter den chairs laxatives auch „foye de cochon" aufführt.
5. Franchieres p. 25 „Maistre Molopin au livre du Prince a enseigné encores un autre bon remède à ce mal de pierre"; „soit prins, «le fiel d'un petit cochon de lait», aagé de quinze jours ou trois sepmaines: puis lui soit donné un petit lopin du coeur d'iceluy cochon."
6. Reliquiae antiquae p. 295 (For the cray) „Take porke . . . . and fede her therwith."

2898 in d. Hds. zu lang, daher geändert.

2905. **suppozitori** (vom lat. suppositorium), Stuhlzäpfchen. Vgl. Gandolfo p. 44 „e de questa grasa fane «supositorio» a l'astore e al sparavero costipà, ungilo bene e fagli uno cristiero". und Franchieres p. 24 „pour donner à ce mal de pierre dit M. Aymé Cassian, qu'il faut faire un petit lardon de lard frais, non rance, de la grosseur d'une plume d'oye et de la longueur d'un pouce en travers: puis prendre aloës cicotrin en poudre et en poudrer entierement le dit lardon: apres avoir prins et lui avoir dextrement ouvert le fondement, lui mettre là dedans le dit lardon, en la forme qu'on baille aux hommes un «suppositoire»."

XCVIII. Cant auzel a bistoc.

2913. **bistoc**, ruhrartige Krankheit. Etymologie? Mistral: bistou (roman. bistoc) interj. bestouca, bistouca (limousin) v. a. toucher, battre; schon v. 493 der Auz. cass. belegt.

2914 in d. Hds. zu kurz, daher mit Levy li ave.

2916. **menazos**, cas. obl. menazo(n) von menar, gebildet wie liazo(n) (legationem), roazo(n) (rogationem), altfrz. menison. „action de mener dyssentérie", Ruhr. Vgl. Honnorat.

2930. **vaisa**, vaissa, vayssa. vitis silvestris — labrusca — wilde Weinrebe, nach Raynouard und Honnorat, und nicht, wie Behrens (s. Groebers Ztschr. XIII 412) darzulegen sucht, identisch mit dem von Mistral gebrachten vaisso, baisso, abaisso welches Haselstrauch (en Rouergue et Velay) bedeutet. — Das von Mistral gegebene Etymon vaxa (bas-latin) habe ich nicht entdecken können.
1. Es spricht schon die Zusammenstellung des vaisa mit razimet, dm. von razim, lat. racemus, Traube, besonders Weintraube (adj. racematus = quod acinos habet, sive baccas, aut etiam grana racemi modo disposita, was Traubenbeeren hat. S. Ambrosii Calepini Dictionarium octolingue — Lugduni 1681 —). cat. rahim, franz. raisin, span., port.

racimo, ital. racemo, welche Wörter meistens die Bedeutung Weintraube haben, gegen die Bedeutung von vaissa, Haselstrauch.

2. Kyber p. 358: Trogus Racemum interpretatur, Treubel aller gewechs, ut vitium.
3. oli de vaisa (V. 2967), Saft des wilden Weines gibt einen besseren Sinn, als Saft des Haselstrauches.
4. Fuchs cap. 29: „Weinbeerkörner, so sie gedorret und zerstossen werden, sein guot denen so die „roten rhuor und kein speis behalten", welches Rezept dem von Daude in Bezug auf vaisa und bistoc (Ruhr) ziemlich entspricht.
5. Rhodion cap. 254 d: vitis, wild weinreben: „Der haefftlin oder gaebelin an reben stillet die rote ruor. Unzeitige Treubel stopfen den bauch."
6. Du Cange VI p. 724: vaischa, vaychia, vaisha, arboris minutioris species. Vgl. Charta 1332: „. . . de vaychiis et aliis arboribus viridibus . . ." Charta 1341: „. . . cum quibusdam Vayshis et aliis minutis arboribus modici valoris . . . vobis facimus . . . Et quod praedictas Vayshas et alias arbores minutas, infra dictas terras existentes, possitis in totum vel in parte evellere." Vaysha ist vielleicht das Etymon zu vaisa.

2934. **fumula,** fumaria [officinalis], Erdrauch. Vgl. Fuchs cap. 127: in den apoteken fumus terrae, fumula, Diminutiv von fumus.

2942. **mealla,** Heller. Vgl. B. de Born von Stimming[2] 2,5: mezalha; vgl. auch Meyer, Recueil I 179 und Diez E. W. unter medaglia (= maille).

2943. **escomonea,** scamonea, altfrz. escamonie, nfrz. scammonée. Vgl. Ivain V. 616, Dioscorides p. 403: scammonia, Plinius l. XXVI cap. 38: scammonium, Purgierwinde. Vgl. Albertus Magnus p. 196: „Si cibum frequenter non alteratum evomit, accipe «scamoneam» ad pondus quartae partis oboli et tantumdem «cumini», et tritis illis asperge eorum pulvere carnes porcinas et da in cibum. Si vero dictam carnem comedere non potest, tolle albuginem ovi, et in ea pone dictum pulverem, et ori eius iniice. Item si cibum eiicit, accipe ova cruda et frange in lac caprinum et totum decoque, et da ei ter comedendum et sanabitur" entspricht Daude v. 2936—48.

2944. **comi**, vom lat. cuminum, Kümmel (s. oben).

XCIX. Cant auzel no pot esmeutir.

2951. **condug**, Abhilfe, Abführung (vom lat. conduco).

2952. nous hi met cug = no vos i met cug — ich setze euch hierin kein Bedenken, ich versichere euch, wie schon Levy richtig erklärt.

C. Cant auzel a mal en las res.

2955. **germandrea**, frz. germandrée; so schon Rayn.

CI. Cant auzel grans seu gota.

2975. **artemiza**, artemisia, Beifuss. Vgl. Raynouard, der artemizia und artemezia belegt. Vgl. v. 3261: arzemiza, wohl ein Schreibfehler für artemiza.

2976. **ortiga**, lat. urtica; so mit Rayn.

2985. **leune terrest**, hedera terrestris; denn

1. Barthés: Lèuno (du celto-breton lemm, aigu, pointu, par allusion aux griffes de la tige, qui s'implantent dans l'écorce des arbres), lierre commun.
2. Mistral: leune pour lierre, eure (dialecte des bords du Rhône), èune, lèune (limousin) elre, leune (roman.), hierre, lat. hedera.
3. Mynsinger S. 56: „Hat das vederspil das gesüht in den flügeln, so sol man das krautt, das da haisset «gundelres», sieden in wasser, und die pletter desselben krauttes wol gesotten und gestossen sol man Im also warm pinden an die ende und an die örtt der flügel, und sein ass sol man stossen in die prü, darinn die pletter gesotten sind, und Im es zu essen geben."

4. **Albertus Magnus** p. 197 „Si alas guttosas habuerit, «hederam terrestem» in aqua coque, et folia illa cocta et bene contusa alis eius iuxta latera circumliga et cibum eius in eadem aqua tinge." Also: leune terrest — hedera terrestris, ital. edera terrestre, Gundelrebe. Vgl. Dessen S. 617.

CII. Cant auzel a podagra.

2997. **fraisser**, fraissen; Nominativ von diesem: fraisses, denn das n ist trennbar: fraisse(n). Vgl. 3619. fraisses, lat. fraxinus.

2998. **roire**, lat. robur, franz. rouvre, Steineiche.
Ebd. **agrunier**. Vgl. Levy Suppl.-W. p. 35: agriam, „saure Frucht", dazu Suchier im Glossar: So viel wie agrum, Mistral eigrun — fruit aigre — nom générique des orangers, citronniers et cédratiers; ital. agrume, saure Früchte. Vgl. auch Godefroy: aigrun, Rayn. agrunier, épine noire, Schlchen oder Schwarzdorn, denn

1. Barthés: agrunelià, prunellier, prunier épineux ou sauvage.
2. Honnorat: agrenier, «agrunier», agrenas. prunelier — prunier épineux, Etym. agrena + ier. Vgl. auch frz. être aigre, schlehen (von den Zähnen). S. Peschier, deutschfranz. Wörterbuch. Stuttgart 1862.
3. Mistral: agrenas — agrunas, agreniè — agruniè et agruneliè (roman. agrinier) s. m. prunellier, prunier épineux.
4. Carcano p. 209: „alcuni dunque usano per le podagre «le scorze di roverati giovani», di pomi, di brugne selvatiche e di frassino." Vgl. 3163: prunelier salvatge, Schlehendorn; und Gandolfo p. 79 prugnioli salvatigi.

3009. **titinhal** oder **titimal**, nicht tinhal. Im Fragment de recettes médicales en langue d'oc (s. Romania XII$_{108}$) ist lach de titimal belegt. Vgl.

1. Albertus Magnus p. 195 = Daude 3009—3020 „Si autem podagricus sit, tere «titimalum» cum melle et aceto et aliquantulo calcis et liga super podagram."

2. **Zambrini** p. 2 „Falcone ch'à la podagra così si cura. Tolle del latte del tortomaglio = titimaglio." Vgl. Zambrini, Note p. 57.

3. Du Cange Suppl.: titimalum — tithynallus, tithynalus — tithynallum. Vgl. auch Dioscorides lib. IV cap. 159 und Plinius lib. XXVI cap. 39—42.

4. Da der V. 3009 um eine Silbe zu kurz ist, wenn bloss tinhal geschrieben wird, so ist auch leicht „titinhal" als die ursprüngliche Form der Handschrift anzunehmen, zumal statt des doppelten ti von dem Copisten, der die lateinische Form nicht kannte, leicht einfaches ti geschrieben werden konnte. Demnach ist titinhal = tithymalus, Wolfsmilch (Euphorbia helioscopia). Die etym. unberechtigte Erweichung des n kann durch Einfluss von Wörtern wie tinha, tinhos, tenher hervorgerufen sein. Carus Sterne H. u. W.-Bl. S. 410 „Die Alten legten dieser Pflanze den griechischen Namen $\tau\iota\vartheta\acute{\upsilon}\mu\alpha\lambda o\varsigma$ bei, d. h. die Milchwarze, welche statt der milden Milch einen gefährlichen milchähnlichen Saft hervortreten lässt.

3010. **als** s. m., Widerwärtiges, Widerwärtigkeit. Vgl. Levy Suppl. p. 39.

CIV. Cant auzel a la camba fracha.

3047. **dorillon** (d. h. dor-ill-on wie au-zelh-on), sicher richtig von Levy geändert, da orillon provenzalisch nicht nachweisbar ist und dorillon nach Mistral — dourihoun — petit fragment, partie minime, an dieser Stelle einen guten Sinn giebt.

3051. **anoes** ist wohl gleich aloes, da l und n provenzalisch oft wechselt. Levy gedenkt in seinem Supplement-Wörterbuch nur der Form aloes.

3052. **consouda,** lat. consolida, Beinheil.

3062. **nazicort** ist mit Levy in nazitort zu ändern. Vgl. 1. Dessen S. 78: Seminis nasturtii; germ. Gartenkresz; gall. cresson de jardin ou «nasitort».

2. Plinius lib. XIX cap. 44 „nasturtium nomen accepit a narium tormento".
3. C. Sterne W.-Bl. S. 387: nasturtium stammt wie der alte Varro sagt, von nasum torquere — Nase drehen, reizen.
4. Carcano p. 197: hat „seme di Nasturtio", was unserem grana del nazitort entspricht.
5. Albertus Magnus p. 192 nasturtium und p. 191 nasturtium aquaticum.
6. Gandolfo p. 54 semente de nasturcu, und 57 somente de nastrugio.
7. Honnorat: nazitort (nasitor). Un des noms languedociens du cresson.
8. Mistral: nastoun, nasitort (limousin); daneben: nagitort, sanitort, anitort, nanitort; ital. nasturzio, lat. nasturcium.
9. E. Rhodion cap. 187 d: nasturtium hortulanum: „der samen des zamen hat tugent heyss zu machen und zu trücknen die überflüssige feuchtigkeit".
10. Grant herbier No. 326: „Nasturcium c'est une herbe assés commune que l'on appelle cresson, mais toutefois en y a de deux manières: l'un croist en l'eave et l'autre croist es jardins (Lepidium sativum); et quant l'en parle de cresson simplement sans fere autre addicion, l'en doit entendre de celuy de jardin".

Mithin nazitort = lepidium sativum, Gartenkresse.

3085. loguet, Diminutiv von locus, kleines Loch.

3091. verderbt, da tásca anstatt tascá, welche Betonung der Reim mit fa verlangt, gelesen werden müsste.

CVII. Cant auzel a porretz.

3125. porret; Rayn. belegt poyre in der Bedeutung „Warze" oder „Auswuchs"; ital. porro, frz. porreau, „Lauch", werden in demselben Sinne gebraucht. An der vorliegenden Stelle entspricht porret in der Bedeutung dem lateinischen nascentiae, Übergewächs; denn Daude 3125—32 = Albertus Magnus p. 191 „Si autem falco nascentias in pede habuerit, mediam iuniperi corticem sicca et pulverem fac subtilissimum, et tribue sibi per novem dies alternis diebus cum carne, et curabitur".

3129. **genebre**, 3288 ginebre: juniperus, Wacholder.

CVIII. Cant auzel a enflatz los pes.

3135. **molada,** frz. moulée (s. Littré), Geschleifel. Vgl. Reliquiae antiquae Bd. I p. 7: mola, a grynstone; und Du Cange: mola, sliffstein, reibstein.

3136. **aferrar**, mit Eisenteilen versetzen. Vgl. Mynsinger S. 33: „wäre auch dem valcken die paine geswollen, So sol man nemen das pitter öle, das man in der Appodeck vindet und das mit ayrclaur temperiern; Darnach sol man nemen einen «Wetzstein, daruff von dem sleyfen des eysens ettwieviel pliben ist ...»"; Daude v. 3132—44 = Albertus Magnus p. 191 „Si autem pedum patiatur inflationem, aloe et albumen ovi simul tere, deinde quaere «cotem in qua saepe acutum est ferrum et in qua ferri aliquid inhaeret», et super illam ita diu pulverem frica, quod omnis acutio quae in cote est, in pulverem transeat, et tunc pedibus inflatis suppone, ita diu donec crustam faciat, et pedi haereat, et sequenti die optime sapone perunge et tertia die age ut videris expedire".

CIX. Cant az ausel sobrecreis carns.

3154. **milfueill,** millefolium, Schafgarbe. Vgl. frz. mille-feuille; ital. millefoglio. (Dessen S. 683.) Barthés: milofèlhos (du latin mille, folium).

3155. **plantage** f., lat. plantago, frz. plantain, ital. piantaggine, Wegerich. (Dessen S. 558.)

Ebd. **salsifranha** ist vielleicht in sassifranha zu ändern, lat. saxifraga, germ. Steinbrech, ital. sassifraga. (Vgl. Dessen S. 58 u. S. 197); saffifranha in der Hds. konnte leicht salfifranha gelesen werden.

CX. Cant auzel a verrugas.

3164. **falguelra** entspricht lat. *filicaria, von filix, frz. fougère. Vgl. Du Cange, Hist. Brit. col. 342; Rhodion cap. 201d: filica und filix arbor, Baumfarn. Dessen: S. 329 und 760: filicula, Farnbaum. Barthés: falieìro (du latin filix et filicaria, fougère).

CXI. Cant auzel a l'ongla perduda.

3185. **marese**, der Form nach = mariscum, Feigwurz. Vgl. Du Cange und Plinius l. XV cap. 19: ficus marisca.

3190 u. 3193. **suzor**, nicht suzo, Saft; aus lat. sudor, frz. sueur; suzo ist kein provenzalisches Wort, wohl ist sugo, Saft im Ital. vorhanden. Vgl. Mortara p. 22; v. 3179—3194 von Daude = Carcano p. 213. „A l'onghia cavata, ò rotta": Restando dunque il tugo dell' onghia, ò tutto, ò in parte privo della onghia, si deve in esso mettere una vesica «di fele d'una gallina», aprendola tanto, che vi possi entrare, e ligarla al piede si fattamente, che non caschi via, ne possa uscire il fele: questo stagnerà il sangue, levarà il dolore e in tre ò quattro giorni asaderà.

3189—94 geben nach der gemachten Conjectur einen ganz guten Sinn. „Diese Galle wird ihm den Schmerz heben und den Saft trocken austrocknen, so dass ihr sie (die Kralle) nachher schneiden könnt und gleichsam dadurch eine Kralle wiederherstellen [retornar hier transitiv gebraucht]. Diesen Saft — nicht ist er ihr Nutzen — trockne, und sie (die Kralle) wird heilen, wenn er sie nicht abnagt."

3197—98. Der Reim «roen — remouen» beweist die vocalische Geltung des u in «remouen». Die gewöhnliche Form ist, removon, removen.

CXII. Cant az ausels serron las onglas els pes.

3200. **milgrana**. Barthés „milgrano (du latin mille, grana — grenade, fruit du milgraniè. Son écorce qui est astringente, renferme 18,8 % de tannin." Labernia, catal.: migrana, fruit du grenadier, la grenade, Granatapfel. E. Rhodion cap. 158c „die schalen von den granatäpfeln haben dieselbe krafft, wie die blûmen." Vgl. auch Romania XII$_{104}$: flor de las milgranas; also milgrana, Frucht der Punica granatum.

3205. **mentraste.** Vgl. Mistral: mentastre (roman. mentastre et mentraste), port. mentrasto, lat. mentastrum. Honnorat: armentraste. Dioscorides l. III cap. 35: Sylvestris mentha, Latini menthastrum vocant, Waldmünze, wilde Münze; der Begriff des Wilden liegt im Suffixe — aster.

3205. **merolll,** sicher merulius. Vgl. Nemnich Bd. I S. 105: Merulius cantarellus, eiergelber Blätterschwamm. Er soll der unschädlichste sein, den man roh essen kann. Franz. le mérule — Merulius cantharellus oder cibarius.

3212. aitz, Gelegenheit; so schon Levy Suppl.-Lex.

3213—3314 sind von Bartsch, Chrest. prov.⁴ p. 180 ff. abgedruckt.

3225—26. mania, d. h. hier manja zu lesen: estanca ist ein sehr mangelhafter Reim.

CXIII. Cant auzel a febre.

3265. **lentilla.** Vgl. Barthés: dentilho, gentilho, lentilho (du latin lens-lentis), lentille; Dioscorides p. 363: Lens pallustris invenitur in aqua non fluente, muscus lenticulae similis; lenticula aquae, Wasserlinse. Vgl. C. Sterne S.-Bl. S. 330: „lemna minor", kleine Wasserlinse, bedeckt wie eine grüne Decke oft die gesamte Oberfläche stehender oder träge fliessender Gewässer . . . . .

CXIV. Cant auzel a mal de rof.

3277. **rof,** nicht ref, wie Bartsch liest. Vgl. Diez E. W. (ruffa) und O. Schade: ahd. hruf, plur. hruvi, mhd. ruf, altn. hrufa, rufa, ndl. rof, Schorf; altfrz. roife, roffe, burg. reuffle — limousinisch rufe.

3281 und 3282 verderbt. Vielleicht ist im ersten Verse zu lesen: E soven, cant fort los molesta.

3283. **rafe**, lat. raphanum, Rettich.

3285 fehlt in d. Hds. eine Silbe. Bartsch corrig.: e d'estafizagra — **estafizagra**, lat. staphisagria, frz. staphisaigre, ou l'herbe aux poux, Läusekraut. Vgl. Dessen S. 820. griech. σταφὶς ἀγρία, aus welcher Form die provenzalische direct abgeleitet ist. Vgl. Dioscorides l. IV cap. 150.

3287. **girofle**, lat. caryophyllum, germ. näglin, frz. clou de girofle. Vgl. Dessen S. 153.

3290. **serbe**, sinapi, mit dem Tone auf der ersten Silbe (sonst sināpi), wie griech. σίναπι, woraus wohl auch die frz. Dialekt-Form sanve, sanvre, senve entstanden ist; sinapi, sen(e)be, serbe, wie mónachum, mon(e)gue, morgue. Vgl. auch Raynouard: serbe — séneve und Mistral: serbe (rom. serbe, sinapi, senebe, esp. jenabe, ital. senape, lat. sinapis), frz. séneve, sanve, moutarde noire, sinapis nigra, schwarzer Senf. (Pflanze).

3294. Die Änderung von Bartsch in voja ist gar nicht nötig, da vueja bei Raynouard und Honnorat hinreichend als Nebenform zu voja belegt ist, zumal der Reim «vueja» verlangt. Der Sinn des Verses ist: von einer Sau, die mit einem Ferkel voll und leer war, d. h. trächtig war und geworfen hat.

3315. **tesga**, port. tisica, Auszehrung, span., altital. tisica, Schwindsucht (das Adjectiv tisico steht bei Gandolfo p. 142), catal. tisich adj. zu tisis. Diese vier Vergleichswörter aus der port., span., catal. und altital. Sprache zeigen im Stamme unverkennbar eine auffallende Gleichheit, so dass man mit Recht die von Raynouard und Bartsch aufgestellte Bedeutung des Wortes „tesga", Räude (ersterer stellt es mit tac zusammen), anzweifeln kann. Und in der That ist durch tesga nicht die Krankheit der Räude, sondern „der böse fluss und das wee in dem kopf" bezeichnet, wie die in „Mynsinger" S. 52 verzeichneten Recepte bekunden, welche eine wörtliche Üebersetzung der mit Daude gemeinsamen Quelle sein müssen, da das ganze Capitel CXV v. 3315—50 unseres Dichters sich inhaltlich mit dem von Mynsinger wiedergegebenen Texte genau deckt. Daude 3315—30 = Mynsinger „Für den flus und das wee in dem kopff": Wär der Habich siech in dem kopff und stüssig, so sol man Im in die Naslöcher giessen epffensaft, oder man sol nemen dynten und saltz saft gleich vil, und sol sy prennen uf ainem rotten ziegel. Darnach sol man von dem selben ziegel oder tist alsvil pulvers machen, als des saltz und der dynten gewesen ist, und dieselben pulver sol man zusamen tůn und beuteln durch ain tuch und dem habich in die Naslöcher plausen." Daude v. 3330—42: = Mynsinger „Wann der habich ynwendig siech ist von faulen bösen flüssen": „Und wär der habich ynwendig siech von der gallen, so sol man nemen frischen speck und den zerlassen in ainer pfannen und darzu sol man tůn alsvil des saffts von sefenbaum, und sy mit einander sieden und darnach sol man es durch ein tuch seihen und sol darein legen das flaisch, damit man den Habich ätzet." Ferner Mynsinger = Daude v. 3343—47: „Wann der habich ynwendig siech ist von faulen bösen zëhen, So sol man nemen holderbër, die da zeittig sind, und in das saft sol man duncken das flaisch und In davon zway oder dreimal ätzen; man mag auch die beer derren und pulvern und darinn das flaisch stossen und damit den habich ätzen." — Da nun Mynsinger seine Stellen auf den „grossen Maister und Artzat Yppocras" (vgl. Myns. S. 48) zurückführt, so ist die Annahme, dass in der anscheinend verloren gegangenen Schrift dieses Hippokrates das Wort φθίσις, Schwindsucht stand, nicht ausgeschlossen; tisica (port., span. und altital.), die Adjectiva tisich (catal.) und tisigo (altital.) haben unzweifelhaft zum Ableitungsworte das griech. φθίσις oder vielmehr das Adjectiv φθισικός bezw. dessen Neutr. Plur. φθισικά. Prov. tesga entsprang indes nicht unmittelbar aus φθισικά, sondern aus dem lat. phthisica, wie manga aus manica, perga aus pertica. Das e in tesga entspricht dem kurzen i.

3317 ist vielleicht folgendermassen zu ändern: non ensemps, ans s'es enucitz trop = nicht zugleich, doch auch so ist es viel Leid. —

3319. **cal** s. m. (Kaese-) Lab, Labkraut. Vgl.
1. Azais: cal. (cévenol.), présure pour faire cailler le lait; B-Lim. fromage; prov. nose en cal, noix en lait; étym. lat. coagulare d'où, par contract: coaglá, coalhá, calhá, cal.
2. Honnorat: calh — cai pour lait caillé.
3. nfrz. caille-lait m. Labkraut.
4. ital. caglio, Lab, auch gaglio, latinisiert galium (von γάλα, Milch), Labkraut, bei Linné (vgl. Diez E. W.).
5. Rhodion cap. 161 c.: galium, zerknitscht in die Nase gestossen/ stillet das blûten.

Ebd. **rauzar**, abschneiden, zerreiben. Vgl. 1. Honnorat: rauzar — battre, atterrer — rogner; 2. Azais: rauza (cast.) v. a. rauzar — rogner, étym. altération du roman. rozer dérivé du lat. rodere; 3. Mistral: rausa (rom. rauzar, esp. rozar, racler, couper les premières tiges des plantes, rogner).

3321. **agrimen**, entstellt aus agrimonia, frz. aigremoine, Odermennig, agrimonia eupatoria. Aus agrimonia entstand im Mittelalter zum Beweise, dass die Pflanze stets im Volksmunde blieb: Agramüni, Aggermenig, Ackermenig, Odermeng oder Odermennig. Vgl. C. Sterne S.-Bl. S. 193 und Daude 3326. 3617. Levy Suppl. p. 35 und Mélanges «Fragment de recettes médicales en langue d'oc» (XIV. siècle) abgedruckt in Romania XII pag. 101 z. 2 haben «agremonia».

3333. **savina**, lat. sabina, ital. savina, mhd. sevenbaum, der Sebenbaum (Dessen S. 306). Barthés: sabino (du latin sabina), Sabine, Juniperus sabina. Vgl. 3459.

3345. **sauc**. Barthés: Saüc et Sambùc; en latin sambucus, sureau commun, Hollunder.

CXVI. Cant auzel a estat trop a soleill.

3357. **esposcar**, bespeien, besprengen. Vgl.
1. Honnorat: esposcar — arroser, asperger; daneben espouscar — espouichar, und
2. Mistral: espousca — eipouscha, roman. esposcar — asperger.

3. Albertus Magnus p. 193 „Si vero a sole laesus sit, aquam rosaceam in naribus eius inmittas, et mel cum carne caprina comedat et «exspue vinum» quasi ex sufflando in faciem eius."

CXVII. Cant auzel a mal d'aguillas.
3410. Vielleicht: Tot l'enter uscle de l'amela; vgl.
3416. l'enter uscle de la genesta
enter ist ein terminologischer Ausdruck, integer, ganz, ungeteilt. Vgl. Bischoff S. 80 und Rozier et Claret Bd. I p. 154. 155. 177. 180: entier — integer.

uscle, vom lat. óssiclum, welche Form sich bei Ausonius praef. zu idyll 13, vgl. auch Plinius XI 37 und Gell. VI 1, als zusammengezogen aus ossiculum, Knöchelchen, Kern, findet. Vgl. Lat.-deutsch. Wörterbücher von Klotz u. Georges. Das u statt o in uscle kann Schreibfehler sein. ossicula (pl.) auch bei Kyber S. 107 und Dioscorides l. I cap. 133 „Beinlein oder harte steinige Kernlein in den Früchten, als an Nespeln". Auch amela und genista besitzen kleine Kerne. Vgl. E. Rhodion c. 76 Amygdala: „Etliche haben haerte, etliche mürbe kern" und E. Rhodion c. 155: genista „Erdpfrimmen. Die gelben bluemlin geformet als Wickenblümblin / Die werden im Brachmonat zu ruuden schwartzen schoetlin, darinn als kleyne schwartze Wickenkoernlin springen auss, wie d' Pfrimmensamen". Du Cange: oss-osc-iculum, ein klein bein; amela, gewöhnlich amella, Mandel (entstanden aus amygdala [$ἀμυγδάλη$], auch abgekürzt mella, neuprov. amello). Vgl. Diez E. W. und Raynouard. genesta, Pfriemenkraut oder Ginster.

3417. **ausen** und aisen(s). Vgl. Levy, Suppl.-W. unter aisen. artemisia absinthium, Wermut, Absinth. ausen aus absin(thium) gebildet, wie gauta aus lat. gabata, deute aus lat. debita; aisen (neben ausen) wie caitiu aus captivum und catal. ausent aus lat. absen-t-s.

3423. **erba serpentina,** catal. auch serpentina, lat. serpentina. Vgl. Albertus Magnus p. 195: Schlangenkraut.

3428. **aurs,** aur (aurum) + Flexions — s, Gold; **azurs,** lapis lazuli, Lasurstein. Wenngleich der Gebrauch von Gold und Lasurstein als Medikamente uns sehr auffallend erscheint, so finden sich dennoch für den Gebrauch beider Belege. Vgl. aurum, E. Rhodion cap. 38 „Goldt zu pulver geriben und gessen/ verzert die aussetzigkeit/ und sterckt alle glider des menschen. Die abfeihelung von Goldt genützt, sterckt das hertz über alle andere artznei/ und lasst kein faule materien im leib wachsen". **azurs** vgl. E. Rhodion cap. 43 d: „lapis lazuli, Lasurstein, ist himelblae/ mit güldin düpfflin/ sanfft, glatt. Diser stein heilet die wartzen, das pulver darein gestrewet. Reynigt das gebluet von grober feuchtung". Plinius l. XXXIII cap. 25 „Aurum fistulas etiam sanat et quae vocantur haemorrhoides" und l. XXXIII cap. 57 „vis caerulei in medicina, ut purget ulcera". lapis lazuli, auch im botanischen Glossar aus dem 13.—14. Jahrhundert angeführt, s. Mone Jahrg. IV S. 246. Vgl. Dessen S. 439 „In lapidis Armeniaci penuria, secure utimur lapide cyaneo sive «lazuli», quoniam pares fere vires habent, auctorum testimonio id est in melancholicis ac crassum sanguinem habentibus."

3445. duc os in der Hds. giebt keinen Sinn, dafür wohl zu lesen: d'un oul = (ou lo) **vetaill,** was ovi vitellum, vitellium (s. Du Cange), tuttilin (kleiner Dotter) Eidotter ist und hier gut passt, zumal Eidotter in der Medicin der Vögel vielfach angewandt wurde, wie zeigen: Carcano p. 172. 189. 204 (di cuore di vitello), Arthclouche p. 99 und 101: vitellium ovorum.

CXVIII. Cant auzel a peoills.

3463. **sermenha,** lat. sarminea, sarminia. Vgl.
1. Diefenbach: sar-minea, wilde Kerbel.
2. Du Cange: sar-minea-minia, wilde kerbel.
3. Revue Bd. 19, p. 76: Chaerefolium nostris Kerffel et Kerbelkraut pronuntiatur, gall. cerfeuil, ital. cerfoglio, cf.

ap. L. Delisle: „Note sur un ms. de Tours renfermant des gloses françaises du XIIe siècle, cerfolium, sermenna, cerfoiz.

3475. **puditz**, anagyris foetida; als Etymon ist putīdum für putĭdum anzusetzen, wie calitz aus calĭcem für calīcem. Vgl.
1. Barthés: pudĭs (du latin putidus, puant). En Provence, le nom de Pudĭs a été donné à l'Anagyris fétide (Anagyris foetida).
2. Mistral u. Honnorat: pudis (roman. puditz, lat. puter, putris, putidus) s. m. bois puant, anagyris foetida.

3491. **tremol**, lat. populus tremula, frz. le tremble, Zitterpappel.

3502. **lob,** Form auffallend, vielleicht lupinus, Wolfsbohne. Vgl.
1. Il Propugnatore cap. XLIV. „delli pidocchi": „Anco a questo male fae questa medicina: prende l'acqua, in la quale li «lupini» vi siano intro cotti, e favi bagnare lo tuo uccello, o tu stesso lo bagna, e fie sano".
2. Zambrini p. 8: „Lo sparvieri, ch'à le tigniuole, così si cura. Tolle «lupini» e fàlli bollire; e dell' acqua de li «lupini» lava le penne due volte; e' serà guarito".
3. Dancus Mortara p. 24 „Quando lo sparvieri ha' l male delle tigniuole, togli i «lupini», e falli bullire nell acqua, e con quell' acqua lava le penne dillo sparviere". lob, catal. llob oder llop von lat. lupus.

3502. **estranhar,** heisst hier unterlassen, eine Bedeutung, welche Raynonard und Honnorat nicht verzeichnen; vom lat. extraneare.

3508. **sivada.** Rayn.: civada von lat. cibata, Hafer.

3527. **fuzanh.** Vgl. Du Cange, fusanum, Spindelbaum oder Papenhout, frz. fusain, evonymus. Vgl. auch Plinius l. XIII cap. 38.

3528. **colonhet,** Diminutiv von columna, Säule, identisch mit fuzanh, Spindelbaum oder Pfaffenbütchen.

3530—3532. Unter „**bastonetz,** welche die kleinen Sänger singend zwischen den Fingern bewegen", haben wir jedenfalls die im ganzen Süden gebräuchlichen Kastagnetten zu verstehen. Comtador und comtar sind jedenfalls mit Rücksicht darauf gebraucht, weil die herumziehenden Sänger meist Stoffe der Epik, deren Wesen doch erzählend ist, singend vorzutragen pflegten.

3539. azome can lor a de zastre in der Hds., vielleicht zu ändern ..... az ome can l'olhs a dezastre. Vgl. az ome v. 1658: „die man nennt (bezeichnet) einem Menschen, wenn das Auge Unglück hat"; mit Bezug darauf, dass Ziegenkötel bei Augenkrankheiten gebraucht werden. Vgl. v. 1640 «e d'egestio passerina» und Plinius l. XXVIII. 47: ad oculorum vitia. „Capras negant lippire, quoniam eae quasdam herbas edant: et ob id fimum earum cera circumdatum nova Luna devorare iubent."

3541. so sia so vetz de carn osoill, ist unklar.

3558. encautar mit dem Genetiv «warnen vor». Vgl. Mistral: encauta (rom. encautar, bas-latin — incautare, assurer, du lat. cautus v. a. notifier — signifier; Honnorat: encautar, préserver — prévoir. Vgl. auch Appel, Chrest. 120. 85.

CXIX. Cant auzel a tinhas o arnas que son tot un.

3566. oliva, lat. oliva, Frucht der olea europaea.

3579. leviazo f. Aderlass. Vgl. Honnorat: leviazo — allégement, soulagement, saignée; radical levar (levare).

3583. lauri, laureus, vom Lorbeerbaume.

3588. barbalol = barba Jovi + l, Hauswurz. Jovi alte Genetivform (vgl. Foerster über Mongieu in Gröbers Ztschr. XIII, 545); das Hinzutreten des l ist zu erklären als Anbildung an die zahlreichen provenz. Substantive auf l. Albertus Magnus p. 192 und Daude 3587—89 „caro qua cibandus est intingatur in iure barbae Jovis".

3591. tebeet, *tepidetum (tepeo), laues Wasser. Vgl. tebezeta bei Raynouard und v. 3493.

3595. vers, verschieden, provenzalisch nicht belegt, daher wohl zu ändern: hi a vers in: a divers.

3596. **papaver** blancx, papaver album — papaver vermeills, papaver rubrum oder papaver rhoeas — papaver ners, papaver nigrum. Vgl. Plinius l. XX 76. 77.

3600. **pors,** porrus, allium porrum, Porre, Zwiebellauch.

3606. **rozela,** Klatschrose.

3614 in der Hs. zu kurz. Vielleicht ist auch per desempre zu lesen, das Levy (Suppl.-Lex.) Heft 6 S. 138 belegt.

3617. de veira clar d'airemen der Hs. ist unverständlich und um eine Silbe zu kurz; daher corrig. de veire claret d'agrimen.
veire, Vitriol; aus lat. vitrum, Aschensalz; vgl. Azais. agrimen hat die durch veire claret ausgesprochene Eigenschaft. Vgl. Garidel p, 13: „Agrimonia seu Eupatorium. — Les Provençaux l'apellent, Grimoino. Mr. Tournefort a observé que l'Agrimoine a un goût «styptique» et un peu «salé». Il croit le sel de cette plante, est «de la nature du tartre vitriolé», ou du sel de corail, fait avec l'esprit de vert de gris. Ce sel se trouve mêlé dans cette plante avec beaucoup de soufre et avec assez de terre, elle est détersive et «vulnéraire». Mr. Rivière se servoit de la «poudre de la plante», pour guérir l'incontinence d'urine. Le cataplasme fait avec du vin ou du vinaigre est excellent pour résoudre les «tumeurs»." Vgl. Fuchs cap. 90 „die bletter der Odermenig heilet die wunden so sich nit leicht zur heylung schicken woellen." — Demnach ist airemen sicher in agrimen zu verändern, das nicht nur mit veire in Einklang zu bringen ist, sondern auch als Medicament inhaltlich an dieser Stelle passt, wie die Worte „pour résoudre les tumeurs" und Fuchs zeigen. Vgl. noch v. 3321—26.

3622 in der Hs. um zwei Silben zu kurz; daher von Monaci geändert: de sobre l'auzel e sapiatz.

3630. fehlt eine Silbe; daher Levy a auzel.

3637 um eine Silbe zu lang; Levy tilgt e.

3657. **niela,** nicht mela, wie schon Raynouard l. r. IV 315 liest. Abgesehen davon, dass der V. 3657 bei Setzung von mela zu kurz um eine Silbe ist, und mela inhaltlich gar

nicht in den Text passt, ist noch Folgendes für niela anzuführen:
1. Daude 3647—72 entspricht genau Mynsinger S. 51 „Man mag auch die vedern, die ietz von den schaben geletzt ist, dem habich ussziehen, und das plůtt, das davornen in dem kengel ist, usstrucken, und sy wider füllen mit pulver von dynten, gebāet uf ainem warmen ziegel, und von rautten saumen und von ainem swartzen saumen, ist dem raden in dem korn gleich, und haisset zu latin vigella, gemist zusamen mit wein, und die veder also gefüllt wider stossen in die stat, da sy ussgezogen ist, seüberlich das Im davon nit wee geschëch. Wär es aber, das man sy nit wol eingestossen möcht, so sol man nemen ain gesund stark veder von ainer hennen oder von ainem andern vogel, und sol die füllen mit dem vorgeschriben pulver mit dem wein zusamen gemist, und sy in das Loch stossen, da die schebig veder ussgezogen ist, so pleibt die selb veder unbeklaibet und wird gesunt, und gautt die schab füro an kain ander veder." Das hier gegebene vigella ist aber der Bedeutung nach nigella, da neben vigella, das eigentlich «Raden» heisst, auch nigella sowohl in der Bedeutung Raden als auch in der von Schwartzkümmel im Mittelalter wegen der Ähnlichkeit der Fruchtsamen beider Pflanzen sehr gebräuchlich war, wie aus Du Cange hervorgeht, der vigellum, raden und nigella, schwarzen Kümmel und Raden unter nigella citiert. — E. Rhodion cap. 122c: nigella, Schwartz-wild, Coriander, kümmel und cap. 187b: nigella, raden, gith. — C. Sterne, H. u. W.-Bl. S. 26, äussert sich also über diesen Gebrauch der Wörter: „nigella arvensis, wilder Schwarzkümmel, dessen lat., dtsch., griech. Name ($\mu\varepsilon\lambda\acute{\alpha}\nu\vartheta\iota\text{o}\nu$) von den mattschwarzen runzlichen Samen abgeleitet ist, die einen gewürzhaften Geschmack und Geruch besitzen und sich dadurch von den ebenfalls mattschwarzen, runzlichen Samen der Kornrade unterscheiden, die den alten celtischen von Plinius lib. XX cap. 71 erwähnten

Namen des Schwarzkümmels (gith) geerbt hat, während der Schwarzkümmel den mittelalterlichen Namen der Kornrade (nigella bei Albertus Magnus) bekam."

2. Dessen S. 32—33: nigella sive gith, depingitur a Dioscoride lib. III 78; Plinio l. XX cap. 71; Ab Hippocrate Melanspermon, ac Melanthe vocatur; a Germanis vero: schwartz Kummich; gallice nielle, ital. git o nigella.

3. Barthés: „anièlo. (On a fait dériver ce mot du latin nigella, diminutif de niger, à cause de la couleur noire de ces graines.) Agrostemma githago = Kornrade.

3660. Da die Bezeichnung des Objectes fehlt bei der hds. Lesart: el cano metetz, so ist wohl zu lesen: el cano'n metetz = el cano en metetz, wie 3661 l'en.

3673. mora, frz. mûre, vgl. Rayn.; lat. mora, Maulbeere. Vgl. Plinius l. XXIII cap. 70 und Arthelouche p. 99: oleum morum und Elucid. de las propr. fol. 86, suc de moras vertz (nach Rayn.).

CXXII. Cant auzel es enbatutz e lasatz trop.

3731. que sia netz et escumatz

3732. e cant aura tres iorns passatz sollte man anstatt escumat passat der Hds. erwarten.

3734. **reupontic,** von rheuponticum, radix Pontica, Rhabarber. Vgl. Dioscorides p. 226: „rhaponticum, aliqui rheuponticum, Latini rhaponticum vocant".

3755—8. An die vorliegende erinnert etwas eine Stelle im Lyoner Yzopet V. 55—56: Bone est donc la comparoison Dou foul a poul qu'est sanz raison.

3763. Bartsch setzt ohne Grund für rugen der Hds. megen ein; rugir, brüllen, Lärm machen, passt doch recht gut hier mit Bezug auf die Grosssprecher und Quacksalber, welche viel Geschrei machen, aber wenig leisten.

Lexikalischer Anhang

enthaltend die selteneren Wörter; die mit einem Stern versehenen sind entweder in den provenz. Lexicis nicht verzeichnet oder nicht erklärt.

A.

*aferrar v. (ad ferrum) mit Eisen zersetzen . . . . v. 3136
agrunier s. m. Schwarzdorn . . . . v. 2998
agrimen s. m. (agrimonia) Odermennig . . . . . v. 3321. 3326. 3617
aitz s. m. Gelegenheit . . . . v. 3212
*anoes s. m. = aloes, Aloe . . . . v. 3051
*artemiza s. f. (artemisia) Beifuss . . . . v. 2975
   vgl. arzemiza (?) „ . . . . v. 3261
*aulana s. f. (avelana) Haselnuss . . . . v. 2782
aurpimen s. m. (auripigmentum) . . . . v. 2826
ausen s. m. (absinthium) Wermuth, aisen . . . . v. 3417
azur-s s. m. lapis lazuli Lazurstein . . . . v. 3428

B.

*barbaiol s. m. (barba Jovi statt b. Jovis) Hauswurz . . . . v. 3588
berbena s. f. (verbena officin.) Eisenkraut . . . . v. 2865
   neben verbena „   . . . . v. 3154
bistoc s. m. (Etym?) rubrartige Krankheit . . . . v. 2913

C.

*cal (Käse)-Lab, Labkraut ($\gamma\acute{\alpha}\lambda\alpha$) . . . . v. 3319
colonhet s. m. (von columna), fusanh, evonymus europaeus,
   Spindelbaum . . . . v. 3528
comi s. m. (cominum) Kümmel . . . . v. 2944
*condug s. m. (von conduco) Abhilfe, Abführen . . . . . . v. 2951
consouda s. f. (consolida) Beinheil . . . . v. 3052
cug Bedenken; non metre cug — versichern . . . . v. 2952

D.

*dorillon s. m. (petit fragment) Klümpchen, Stückchen . . . v. 3047

E.

*ecsens s. m. (mittellatein incensum) Weihrauch . . . . v. 3625
*ecxens „ „ „ . . . . v. 3489
*ensens „ „ „ . . . . v.2847—3571
enses „ „ „ . . . . v. 3117
edra s. m. (hedra) Epheu . . . . v.2808—3435
encautar v. (incautare) warnen . . . . v. 3558
enter adj. (integer) ganz, ungeteilt . . . . v.3410—3416
entresbas? . . . . v. 2812
escomonea s. f. (scamonea) Purgierwinde . . . . v. 2943
esmeutir v. entleeren . . . . v.2884—2917
esmeutidura s. f. Entleerung . . . . v. 2860
esposcar v. bespeien, besprengen . . . . v. 3357
estranhar v. (extraneare) unterlassen . . . . v. 3502

F.

falgueira s. f. (*filicaria) Farn . . . . v. 3164
*figadel s. m. Leber . . . . v. 2893
*fumula s. f. (fumaria offic.) Erdrauch . . . . v. 2934
fusanh s. m. (*fusanum) evonym. europaeus Spindelbaum v. 3527 vgl. 3528

G.

genebre s. m. (juniperus) Wacholder . . . . v. 3129
germandrea s. f. Gamander . . . . v. 2955
girofle s. m. (caryophyllum) Näglein . . . . v. 3287
*granasol s. m. (grana solis) Meergriess . . . . v. 2893

L.

lactoari s. m. (electuarium) Latwerge . . . . v. 2780
lauri adj. (laureus) vom Lorbeerbaume . . . . v. 3583
laxugeta salvatia s. f. (lactuca silvestris) wilder Lattich . . . v. 2845
lentilla s. f. (lenticula aquae) kleine Wasserlinse . . . . . . v. 3265
leviazo s. f. (von levare) Erleichterung, Aderlass . . . . . v. 3579
leune terrest s. f. (hedera terrestris) Gundelrebe . . . . . . v. 2985
*lob (?) s. m. (lupinus) Wolfsbohne . . . . v. 3502
*loguet s. m. kleines Loch . . . . v. 3085
*longuet adj. lang . . . . v. 3126

M.

*maresc s. f. (marisca) Feigwurz . . . . v. 3185
meailla s. f. (ital. medaglia) Heller . . . . v. 2942
menazos s. f. Ruhr-Abführen . . . . v. 2916
mentraste s. m. (mentha) Münze . . . . v. 3205
*meroill s. m. (merulius cantarellus oder cibarius) eigelber
    Blätterschwamm . . . . v. 3205
*milfueill s. m. (millefolium) Schafgarbe . . . . v. 3154
milgrana s. f. (mille grana) Tausendkorn, Frucht des Granat-
    baumes . . . . v. 3200
*molada s. f. Geschleifel . . . . v. 3135
mora s. f. Maulbeere . . . . v. 3673
*momia oder mumia s, f. Mumie . . . . v. 2875

N.

*nazitort s. m. (nasturtium) Gartenkresse . . . . v. 3062
niela s. f. (nigella arvensis) wilder Schwarzkümmel . . . . . v. 3657

O.

ortiga s. f. (urtica) Nessel . . . . v. 2976
osoill? . . . . v. 3541

P.

papaver blancx s. m. (papaver album) weisser Mohn . . v.3595—3596
papaver vermeills s. m. (p. rubrum oder rhoeas) roter Mohn . v. 3596
papaver ners. s. m. (p. nigrum) schwarzer Mohn . . . . . . v. 3596
plantage s. f. (plantago) Wegerich . . . . v. 3155
*porret s. m. Auswuchs, Gewächs . . . . v. 3125
*pors s. m. (porrus) Zwiebellauch, Poree . . . . v. 3600
puditz s. m (putīdum für putỹdum) anagyris foetida . . . . v. 3475

R.

rafe s. m. (raphanum) Rettich . . . . v. 3283
rauzar (vb.) — (rodere) abschneiden . . . . v. 3319
razimet s. m. dm. von razim (racēmus) (Wein)-traube, -beere
    oder Körnchen in der (Wein)-beere . . . . v. 2930
*reupontic s. m. (rheuponticum, radix Pontica) Rhabarber . . v. 3734
roire s. m. (robur) Steineiche . . . . v. 2998
*rof s. f. (ahd. hruf) Schorf . . . . v. 3273—3277—3278
rozela s. f. Klatschrose . . . . v. 3606

S.

sadreia s. f. (satureja offic.) Saturei . . . . v. 2843
*saletz s. m. (Ableitung von salix) Weide . . . . v. 2807
*sanc de drago s. m. (sanguis draconis) Drachenblut . . . . v. 2875
sauc s. m. (sambucus) Hollunder . . . . v. 3345
savina s. f. (juniperus sabina) Sebenbaum . . . . . . v.3333—3459
*sendet adj. aschgrau . . . . v. 2979
*sentrogal s. m. (centrum galli) Scharlei, Scharlachkraut . . . v. 2891
serbe s. f. (sinapi) Senfsame . . . . v. 3290
*sermenha s. f. (sarminea) wilder Kerbel . . . . v. 3463
*serpentina s. f. (erba) Schlangenkraut . . . . v. 3423
sivada s. f. (Ableitung von cibare) Hafer . . . . v. 3508
*suppositori s. m. (suppositorium) Stuhlzäpfchen . . . . . v. 2905
suzor s. m. (sudorem) Saft . . . . v.3190—3193

T.

*tebeet s. m. (von tepeo) laues Wasser . . . . v. 3591
*tesga s. f. fauler Fluss . . . . v.3277—3315
*titinhal oder titimal s. m. (tithymalus) Wolfsmilch . . . . v. 3009
tremol s. m. (populus tremula) Zitterpappel . . . . v. 3491

U.

verbena, s. f. berbena Eisenkraut . . . . v. 3154
*uscle s. f. (óssiclum) Beinlein, Kernlein . . . . v.3410—3416

V.

vaisa — vaissa s. f. (vitis silvestris) wilder Wein . . . . . . v. 2930
varaire negre s. m. veratrum nigrum, helleborus niger, Christ-
   wurz . . . . v. 2811
*veire s. m. (vitrum) Aschensalz . . . . v. 3617
*vetaill s. m. (vitellum, vitellium) Dotter . . . . v. 3445

Abkürzungen.

Albertus Magnus: Reliqua librorum Friderici II Imperatoris «de arte venandi cum avibus» — Accedunt Alberti Magni capita de falconibus, asturibus, accipitribus — quibus annotationes addidit suas — Joh. Gottl. Schneider. Lipsiae 1788.

Appel, C.: Provenz. Inedita. Leipzig 1892.

Arcussia: La fauconnerie de (Messire) Charles d'Arcussia de Capre, Seigneur d'Esparron, de Pallières et du Revest en Provence — cinq parties. Paris 1615.

Arthelouche: «La fauconnerie de Messire Arthelouche de Alagona, Seigneur de Maraveques, Conseiller et Chambellan du Roy de Sicile» in: Cicogna: del Palacio degl' Incanti. Venegia 1605.

Avicenna: Canon medicinae. Venedig 1608.

Azais: Dictionnaire des idiomes romans. Montpellier 1877 — 3 Bde.

B = Bartsch, K.: Chrestomathie provençale. Elberfeld 1880.

Barthés: Glossaire botanique languedocien — français — latin. Montpellier 1873.

Bischoff: Botanische Terminologie. Nürnberg 1843.

Carcano Sforzini: Ucceli di preda. Venetia 1587.

Dancus: Cabinet de vénerie Bd. VI. = Le livre du Roi Dancus (texte français inédit du XIII siècle) par H-Martin-Dairvault. Paris 1883.

Dessen, B.: de compositione medicamentorum. Lugduni 1556.

Diefenbach: Glossarium Latino — Germanicum mediae et infimae aetatis. Frankfurt a./M. 1867.

Diez: Etymol. Wörterbuch der roman. Sprachen. 4°.

Dioscorides: de materia medica ab Andrea Mathiolo. Lugduni 1554.

Du Cange: Glossarium mediae et infimae latinitatis ed. L. Diefenbach (Suppl.). Frankfurt a./M. 1857 und Paris 1736.

Franchieres: La fauconnerie de Jean de Franchieres, grand prieur d'Aquitaine. Paris 1607 in: Cicogna.

Fuchs, Leonh.: Neu Kräuterbuch. Basel 1543.

G = **Gandolfo**: Libro del Gandolfo Persiano «delle medesine de' falconi» pubblicato per dal Prof. G. Ferraro. Bologna 1877. (Scelta di curiosità 154.)
Garidel, M.: Histoire des plantes, qui naissent aux environs d'Aix. Aix 1715.
Grant herbier: L'opera Salernitana „Circa instans" ed il testo primitivo del «grant herbier en francoys secondo due codici del secolo XV. per Giulio Camus. Modena 1886.
Grimm: Deutsches Wörterbuch. Leipzig 1886.
Honnorat: Dict. provençal-français. Digne 1847. 3 Bde.
Jahrbuch für englische und romanische Philologie.
Il Propugnatore parte II[a]: Trattato del Governo delle malattie e Guarigioni de' falconi, astori e sparvieri. Bologna 1869—70.
Kyber, David: Lexicon rei herbariae-trilingue ex variis et optimis qui de stirpium historia scripscrunt, authoribus concinnatum. Argentinae 1553.
L = **Levy, E.**: Dict. provençal-français — und Litteraturblatt für germ. und roman. Philologie. XI. Jahrgang. 1890.
Littré, E.: Dict. de la langue française. Paris 1801—81.
Mahn: Werke der Troubadours. Berlin 1846—82. (3 Bde.)
Mistral, Fr.: Lou Tresor dóu Felibrige ou Dict. provençal-français. Aix en Provence — Avignon-Paris 1878. 2 Bde.
M = **Monaci, E.**: Studj di Filologia Romanza. Fasc. 12. Roma 1889.
Mone's Anzeiger für Kunde der deutschen Vorzeit IV. — mit: botanischem Glossar aus dem Ende des 13. oder Anfang des 14. Jahrhunderts.
Mortara Alessandro (Dancus-Ausgabe). Prato 1851.
Mynsinger: Bibl. des litt. Vereins zu Stuttgart Bd. 71. 1863.
Nemnich: Polyglottenlexicon der Naturgeschichte. 4 Bde.
Plinius secundus: Naturalis historia. Biponti 1788.
Raynouard: Choix des poésies originales des troubadours. Paris 1816—21 6 Bde.
 Lexique Roman. Paris 1838—44. 6 Bde.
Reliquiae antiquae ed. by Wright and Halliwell. London 1845.
Revue des Langues Romanes. (Bd. XIX. Technologie botanique.)
Rhodion, E.: Kräuterbuch. Frankfurt a./M. 1550.
Rozier et Claret: Démonstrations élémentaires de Botanique. Lyon 1766. 2 Bde.
Schade, Oscar: Altdeutsches Wörterbuch. Halle 1872—82. 2 Bde.
Sterne, Carus: Herbst- und Winterblumen. Prag—Leipzig 1884—1886. 2 Bde.

Tardif: Cabinet de vénerie Bd. IV.: l'art de fauconnerie p. Jullien.
Paris 1882 und in: Cicogna.
Theophrastus: p. K. Sprengel. Altona 1822.
Tournefort: Histoire des plantes qui naissent aux environs de Paris avec leur usage dans la médecine. Paris 1698.
Veneroni, Joh.: Sprachwörterbuch der europäischen Hauptsprachen. Frankfurt 1714.
Zambrini: Libro delle Nature degli uccelli fatto per lo Re Danchi. Bologna 1874. (Scelta di curiosità 139—140.)

THESEN,

WELCHE ZUGLEICH MIT DER DISSERTATION

„BEITRÄGE ZUR TEXTKRITIK DER «AUZELS CASSADORS» VON DAUDE DE PRADAS"

MIT GENEHMIGUNG DER

HOHEN PHILOSOPHISCHEN FAKULTÄT

DER

KÖNIGLICHEN AKADEMIE ZU MÜNSTER I. W.

ZUR

ERLANGUNG DER DOKTORWÜRDE

FREITAG, DEN 5. MÄRZ, VORMITTAGS 11 UHR

ÖFFENTLICH VERTEIDIGEN WIRD

WILHELM KOCH

AUS MÜNSTER.

OPPONENTEN:

JOSEPH VAN DER STAY, CAND. PHIL.
HEINRICH VAHNENBRUCK, CAND. PHIL.
THEODOR SCHOLLMEIER, CAND. PHIL.

MÜNSTER.
BUCHDRUCKEREI VON JOHANNES BREDT.
1897.

Thesen.

1. Nfrz. «étendard = Standarte» ist nicht, wie Diez meint, vom lat. extendere, sondern vom ahd. standan abzuleiten.
2. Nfrz. «besoin — prov. besonh, Not, Bedürfnis» ist nicht mit Grimm von ags. *bysegjan (byseg) herzuleiten, sondern ist mit mhd. soum verwandt.
3. Nfrz. «écueil = Klippe» ist nicht mit Diez auf lat. scopulus zurückzuführen, sondern es ist die Herleitung des ahd. «scolla» zu Grunde zu legen.
4. Bartsch, chrest. prov.[4] 181, 22 ist rof statt ref zu lesen.
5. Die Volkstribunen wurden zuerst wahrscheinlich in den «concilia plebis curiata» gewählt.

Lebenslauf.

Geboren wurde ich, Heinrich Wilhelm Koch, Sohn des Provinzial-Steuer-Sekretärs Heinrich Koch und seiner Gattin Antonia geb. Willecke, zu Paderborn am 29. Oktober 1871. Meine Konfession ist die katholische. Infolge Versetzung meines Vaters gelangte ich nach Arnsberg und von dort 1881 nach Münster. Nachdem ich hier das Gymnasium Paulinum Ostern 1893 mit dem Reifezeugnisse verlassen hatte, liess ich mich an der Akademie zu Münster immatrikulieren und hörte in 7 Semestern die Vorlesungen der Herren Professoren Andresen, Biermer, Einenkel, Finke, Hagemann, Kappes, Langen, Lehmann, Nichues, Nordhoff, Spicker, Storck, der Herren Privat-Dozenten Drescher, Schwering, sowie der Herren Lektoren Deiters, Hase, Mettlich.

6 Semester hindurch beteiligte ich mich an den deutschen Übungen des Herrn Geheimrates Storck; je 1 Semester war ich Hospitant des roman. und engl. Seminars. 1 Semester gehörte ich dem ersteren als ausserordentliches und 4 Semester als ordentliches Mitglied an, während ich 2 Semester ordentliches Mitglied des englischen Seminars war.

Auf Anregung des Herrn Prof. Dr. Andresen übernahm ich vor 3 Semestern die Abhandlung: „Beiträge zur Textkritik der «Auzels Cassadors» von Daude de Pradas".

Allen meinen verehrten Lehrern, namentlich Herrn Prof. Dr. Andresen, der mich in liebenswürdigster Weise bei Abfassung der vorliegenden Arbeit unterstützte, spreche ich an dieser Stelle für die Förderung meiner Studien meinen wärmsten Dank aus.